Maxime Vivas

LA FACE CACHÉE DE REPORTERS SANS FRONTIÈRES

De la CIA aux faucons du Pentagone

Préface de Thierry Deronne, vice président de Vive TV

éditions★aden

Les éditions Aden
édition **Gilles Martin**
graphisme **Atelier des grands pêchers**
(atelierdgp@wanadoo.fr)

Dépôt Légal **à parution**

Les éditions Aden
44, rue A. Bréart
1060 Bruxelles
Belgique
Tél 00 32 2 5344661
Fax 00 32 2 5344662
adendif@skynet.be
www.aden.be

Préface

Au Venezuela en avril 2002, le monopole privé de la télévision transmet en jubilant le décret du coup d'État qui abolit Parlement, constitution et autres institutions démocratiques. Les journalistes mènent la chasse aux opposants en direct, sur un ton haletant, en compagnie de la police, et font le *black-out* sur la résistance croissante de la population. Les médias privés vénézuéliens qui ne cessaient de parler de liberté d'expression, montrent leur vrai visage en participant étroitement à l'organisation d'un coup d'État sanglant, heureusement déjoué en quarante-huit heures par le peuple descendu dans la rue.

Quelques mois plus tard, la correspondante de RSF à Caracas, Maria José Pérez Schael, évoquera dans le journal vénézuélien *El Universal* ces militaires putschistes d'extrême droite : « Mon cœur vibre à la vue des militaires insurgés, ces hommes vertueux qui défilent sous nos couleurs nationales » [sic]. Un autre correspondant de RSF, Ewald Scharfenberg, directeur de IPYS-Venezuela, a reçu le 18 septembre 2007 le prix annuel de la NED, National Endowment for Democracy – qui est de notoriété publique une société-écran de la CIA – pour sa «courageuse lutte en faveur de la liberté d'expression».

Un matin de septembre 2002 : d'une voiture qui longe le parking d'une filiale régionale de Globovisión, des inconnus jettent quatre cocktails molotovs. De l'autre côté, quelqu'un les éteint. Pas de victimes. Pas de dégâts. Voitures intactes. Globovisión dénonce, à grand renfort d'images, «l'attentat bolchevique à la grenade». L'«attentat» en question se produit à quelques heures de la visite d'une commission tripartite OEA, Fondation Carter et PNUD qui enquête sur la liberté d'expression au Venezuela. La une d'*El Nacional* exhibe aussitôt une lettre-éclair de Robert Ménard, président de Reporters sans frontières, qui met en demeure le gouvernement vénézuélien de « mettre fin à la violence contre la presse».

Août 2003, dans l'Est huppé de Caracas, klaxons et pétards éclatent. L'employée de la boulangerie, qui vient de passer la tête par la porte pour jauger un ciel à la pluie, interroge les clients du regard. La chaîne privée Globovisión appelle la population à une nouvelle bataille contre le «dictateur Chávez». Que s'est-il passé ? La Commission nationale des Télécommunications, dans une opération qui serait routinière aux États-Unis ou en France, a retiré quelques émetteurs-relais installés sans permis légal. Sur les écrans, pour les téléspectateurs, cela ne change rien. Globovisión n'a jamais cessé d'émettre. Ce qui n'empêche la chaîne d'affirmer à l'antenne : « Nous sommes fermés ! ». Et la chaîne «fermée» de démarrer fébrilement une séance non-stop d'«information» *live* sur fond de musique d'action, sur le thème de «l'atteinte à la liberté d'expression» aussitôt relayée internationalement par RSF.

En mai 2007, la concession hertzienne de la chaîne commerciale RCTV, qui diffuse *telenovelas*, programmes de sexe et films US, et qui est surtout connue pour avoir co-organisé un coup d'État d'extrême droite sanglant en 2002, expire légalement. L'État rend cette fréquence au service public et crée Tves, chaîne culturelle, informative, éducative. Pour sa part, RCTV revient sur le câble en juillet 2007. La « fermeture par Chávez de RCTV, dernière télévision indépendante » annoncée par David Pujadas au 20h. de France 2 sur base d'infos de RSF, vaut donc ce que valait le « Salvador Allende ennemi de la liberté d'expression » de 1973. Alors que RCTV n'a jamais été fermée et qu'elle continue de transmettre librement sa programmation habituelle, Robert Ménard mobilise la droite du Parlement européen pour dénoncer la « fermeture de la chaîne », coordonne la tournée européenne des dirigeants de RCTV et prend l'avion pour tenir une conférence de presse à Caracas et y dénoncer « l'atteinte à la liberté d'expression de la part du gouvernement Chávez ».

Au Venezuela, en octobre 2007, la liberté d'expression est totale. L'opposition possède l'écrasante majorité des médias. Les « enquêtes » sur –et les « preuves » de– la corruption du président Chávez fleurissent depuis huit ans dans le moindre kiosque à journaux au moindre coin de rue. Le dénigrement de la démocratie participative et la dénonciation de la « militarisation du régime » sont retransmis du matin au soir par des centaines de radios commerciales à travers tout le pays. L'exclusion raciste et la haine de classe sont intactes à Globovisión, Venevisión, Televen, RCTV et leurs filiales qui occupent 80 % du spectre radioélectrique vénézuélien. Pourquoi RSF valide-t-elle les « informations » de ce quasi monopole privé des médias ? Maxime Vivas démontre les financements nord-américains, en particulier de la NED. Le Venezuela, en tant qu'expérience démocratique de gauche en rupture avec le néo-libéralisme, gêne les puissants de ce monde et leurs transnationales médiatiques. Dès ses premiers rapports en 2000, RSF parle de Hugo Chávez comme d'un «futur Castro».

Quelques années plus tard, dans le premier numéro de sa revue *Médias*, le directeur de RSF Robert Ménard écrit: « Les "alters" ont toutes les indulgences pour l'ex-putschiste Hugo Chávez, ce *caudillo* d'opérette qui ruine son pays mais se contente – pour l'instant? – de discours à la Castro sans trop de conséquences réelles pour les libertés de ses concitoyens ».

RSF n'existait pas encore quand Armand Mattelard – membre du conseil scientifique d'Attac –, analysant l'alliance des grands médias et de la SIP (Société interaméricaine de Presse) dans le renversement d'Allende, écrivait: « L'enquête judiciaire sur l'administration du journal *El Mercurio*, accusé d'irrégularités fiscales, a servi de prétexte pour dénoncer de soi-disant mesures coercitives contre la "presse libre". [...] Le message émis par la presse de la bourgeoisie chilienne revient à sa source, renforcé par l'autorité que lui confère le fait d'avoir été reproduit à l'étranger. [...] Nous sommes en présence d'une SIP tautologique. Sa campagne n'est qu'un immense serpent qui se mord la queue. »

Il était temps d'enquêter sur la stratégie politique de Robert Ménard. Maxime Vivas nous en donne enfin les clefs.

Caracas, le 24 octobre 2007

Thierry Deronne
Licencié en communications sociales (IHECS, Bruxelles).
Vice-président de Vive, télévision publique participative (Venezuela).

Avertissement

Nul n'est contraint de croire un auteur sur parole. Aussi chaque fois qu'une de mes assertions pourrait paraître trop surprenante, j'ai choisi de rendre aisée sa vérification par Internet grâce à quelques « liens » utiles. Je suggère aussi au lecteur d'user d'un procédé simple : coller dans le cartouche *ad hoc* de son moteur de recherche un fragment d'un texte entre guillemets dont il veut contrôler l'authenticité.

Ainsi, quand je prétends que, au plus fort du coup d'État d'avril 2002 à Caracas, Reporters sans frontières a publié un communiqué mensonger dans lequel on lisait que « Hugo Chávez a signé sa démission dans la nuit », le lecteur observera que mon assertion est confirmée par des dizaines de sources variées sur Google. Par le même procédé, on vérifiera que RSF est bien financée par des officines-écrans de la CIA ou par le milliardaire et magnat international de la presse George Soros, via l'Open Society Institute qui intervient dans les contrées où peut être fabriqué un gouvernement pro-états-unien. On constatera, grâce à des sources irréfutables, que la famille d'un caméraman assassiné par l'armée états-unienne a ordonné à RSF de se retirer du dossier pour cause de flagrante complaisance avec les tueurs. On découvrira comment RSF affectionne de jouer le rôle d'avocat des faucons du Pentagone. On s'étonnera de sa lutte contre les restrictions légales à la propagation des propos antisémites et xénophobes, de ses rapports avec l'extrême droite états-unienne et française. On pourra même visionner un débat public où RSF plaide pour la libre publication des textes révisionnistes et négationnistes.

RSF est un avion lourdaud, à hélices dorées, qui ne vole pas très haut et qui fait beaucoup de bruit. Il largue des méga-bombes sur les petits pays insoumis et des leurres dans le ciel des grands champions du libéralisme. L'abondance des artifices pétaradants permet au pilote de capter l'attention et l'argent des gogos – « Achetez mes calendriers, mes albums, mes revues, mes gadgets ! » – et d'affirmer qu'il tire sans distinction sur tous les « prédateurs ».

Mais il suffit d'y regarder de près pour découvrir la mystification. C'est d'ailleurs en allant farfouiller dans les écrits de RSF et en l'interrogeant directement que, pour l'essentiel, j'ai percé la véritable nature de cette association. C'est pour l'avoir lu, vu et écouté que je peux tracer le portrait de son chef : déguisé en Chevalier Blanc, il savate les faibles au coin des rues sombres ; en Zorro, il offre son épée aux latifundistes ; en Astérix, il fréquente le camp de Babaorum ; en Tintin, il accuse les tziganes d'avoir volé les bijoux de la Castafiore ; en Don Quichotte, il monte à l'assaut des bidonvilles ; en Robin des Bois, il prend l'argent des riches pour donner des coups aux pauvres.

Il existe quelqu'un de pire que le bourreau, c'est son valet. Mirabeau

Préambule

Liberté de la presse, des journalistes et devoir d'informer

La devise de Reporters sans frontières est simple: « Nous défendons le droit d'expression des journalistes ». Le public comprend: « notre droit à l'information ».

Ici commence un quiproquo majeur.

RSF ne prétend pas lutter pour le droit du public à bénéficier d'une information vraie. Le lecteur a peu à voir dans cette affaire. Le centre du combat, c'est le journaliste. Il faut qu'il ait le droit de publier ses articles. N'importe lesquels, quitte à raviver la douleur des victimes d'un génocide. Pour avoir prôné cette absence de limites, Robert Ménard, secrétaire général de l'organisation, avait reçu au visage un verre d'eau lancé par Arno Klarsfeld sur le plateau de Thierry Ardisson le 18 janvier 2003. Dans un débat au Québec devant un public nombreux, le 28 avril 2005[1], il persista en revendiquant le droit pour les journalistes d'écrire des articles « révisionnistes et négationnistes ».

Au cours d'une intervention prononcée le 8 novembre 2002 lors d'un colloque sur « La paix et les médias » à l'Université de la paix et au Centre mondial de la paix de Verdun, André Lewin, ancien ambassadeur de France, ancien porte-parole du Secrétaire général des Nations Unies, s'est étonné de lire sous la plume de Robert Ménard dans son livre *La censure des bien-pensants* – écrit avec son épouse, Emmanuelle Duverger – que « traumatisés de n'avoir pas pris la mesure des médias extrémistes hutus à la veille du génocide rwandais, et notamment de la tristement célèbre Radio libre des mille collines, nous avons inventé... le concept de médias de la haine », mais qu'à la suite d'une demande d'interdiction de journaux proches du Front National, « la stupidité de cette demande était d'une telle évidence qu'enfin nos yeux s'ouvraient ». André Lewin reprend : « Pour Robert Ménard, après réflexion, l'appel au génocide ne peut servir d'argument à quelque censure que ce soit, du moment qu'il émane d'un journaliste, car ce serait selon lui l'expression d'une opinion. D'ailleurs, en toute logique, Robert Ménard écrit ensuite que Faurisson, l'universitaire négationniste bien connu, a le droit de prétendre que l'Holocauste n'a pas pu exister et donc n'a pas eu lieu, il a le droit de l'écrire et même de l'enseigner à ses étudiants. Cette "dénégation" d'un fait avéré n'est en réalité pas une opinion, mais un mensonge. Et pour Robert Ménard, finalement, un mensonge une fois imprimé n'est plus tout à fait un mensonge, puisqu'il a acquis en quelque sorte droit de cité. » [2]

Ce n'est donc pas la vérité qui est au cœur du combat de Robert Ménard. Le bourrage de crâne de la population états-unienne par des médias surabondants – les USA comptent 1700 quotidiens, 11 000 stations de radio, 2 000 chaînes de télévision et 11 500 magazines – alertant à l'unisson sur les armes de destruction massive (ADM) de Saddam Hussein ne lui inspira pas une campagne de presse et encore moins une de ces actions spectaculaires qu'il affectionne comme celle qui consista à cadenasser les grilles de l'ambassade parisienne d'un pays du tiers-monde. Ce qui émeut RSF, ce n'est pas le licenciement des journalistes exempts de faute professionnelle mais cependant victimes d'une restructuration par les magnats de la presse, princes de l'industrie et de la finance, ni le fait que ces patrons disposent du droit – dont ils usent plus ou moins délicatement – de dicter une ligne éditoriale à des journaux prétendus objectifs. Non, ce que veut RSF, c'est que, partout, toujours, les journalistes qui contestent un pouvoir populaire aient les mêmes débouchés pour le même discours – et qu'importe s'il véhicule des mensonges – que ceux qui soutiennent, en groupe serré, les pouvoirs au service des oligarchies. Ainsi l'unanimisme médiatique fera-t-il un grand pas en avant, grimé en pluralité.

Quand la presse pauvre des pays riches, la voix des citoyens les moins favorisés, sera absorbée par les banques, on ne recueillera pas dans l'oreille le moindre soupir de RSF. Quand la presse pauvre des pays pauvres, celle qui rend compte d'une politique d'indépendance et de récupération pour tous des richesses nationales, affronte en un combat inégal une presse riche, militante et phagocytaire, RSF s'inquiète des entraves législatives qui freineraient cette dernière dans sa marche gloutonne. Quand la presse des pays envahis est soumise aux diktats des militaires étrangers, RSF parle de *liberté retrouvée*.

Dans chacun de ces cas, la pensée unique triomphe, masquée par une pléthore de titres véhiculant le même credo. C'est la loi du plus fort, c'est celle de l'Empire qui se proclame emblématique de la démocratie, tandis que les cris du faible sont dénoncés comme dictatoriaux.

Qu'importe le contenu, dit en substance RSF, *parlons du droit des contenants.*

Or, la dissociation du droit de dire et du devoir de ne pas mentir est une escroquerie intellectuelle et une atteinte à la démocratie. L'absence d'analyse des répercussions de la mainmise de l'argent sur la presse en est une autre. Clamer que le journaliste doit pouvoir écrire sans ajouter que le lecteur a le droit de savoir, c'est mépriser ce dernier. Rechigner à désavouer les trucages, les impostures, les mystifications, les falsifications, c'est décrédibiliser toute la corporation. Agir comme si le journalisme était une profession à part, plus qu'un autre intouchable, c'est fabriquer un clan, c'est le désigner comme mafia[3]. Exalter les réflexes de solidarité corporatiste dès qu'un organe de presse est mis en cause, c'est afficher que ce pouvoir-là ne supporte pas un contre-pouvoir. Poser en principe que la possession d'une carte de presse, l'accès à un micro, confèrent un droit au monologue est révélateur d'un penchant autocratique.

Oui, la liberté d'écrire des contrevérités ou des vérités partielles, de façonner l'opinion par les choix de thèmes arbitrairement privilégiés, d'en occulter d'autres, de ne pas rendre de comptes, cette liberté-là est liberticide.

L'affirmation selon laquelle la démocratie fleurit là où paraît une presse nombreuse est aussi une duperie. Non ! La démocratie est là où la presse dit vrai. Mille journaux qui mentent valent moins qu'une pauvre feuille de chou qui rapporte les faits réels. Quand le secrétaire général de RSF explique : « J'ai 52 ans, je suis de la génération d'après mai 68, et j'ai toujours pensé que le journalisme était une manière, pas seulement de commenter le monde, mais de le changer »[4], il nous dit tout de go que le travail d'un journaliste consiste à donner son avis et à intervenir politiquement. Il évacue son premier travail : apporter de l'information, vérifiée, sincère, objective, aussi complète que possible[5].

Oublier que les lecteurs ont connu les mêmes écoles que les journalistes –et parfois plus longtemps–, ont eu les mêmes maîtres et se sont construits à la lecture des mêmes penseurs, c'est accorder indûment aux seconds une supériorité intellectuelle qui résiste rarement à la confrontation entre le producteur de copies et le consommateur.

Soutenir que l'État ne doit pas intervenir –légiférer– dans le domaine de la presse, c'est accorder un pouvoir sans partage aux puissances d'argent, ouvrir un boulevard à tous les bonimenteurs sans vergogne, encourager à toutes les surenchères racoleuses, à toutes les manipulations, à tous les complots, à tous les putschs, c'est dérouler les barbelés de la propagande camouflés sous le duvet de l'information.

Pour que la presse fasse son travail, que les journalistes soient respectés, que le lecteur puisse lire, écouter, visionner en confiance, il faut des médias dont le rôle, les droits et les devoirs sont cadrés par la loi, des journalistes dont la hiérarchie est du métier et non de la finance ; il faut des conditions favorables à un minimum d'indépendance sans laquelle il n'y a pas de déontologie autre que proclamée, c'est-à-dire un supra mensonge qui couronne tous les autres en essayant de les nier.

Les sondages ne cessent de nous le dire: les Français jugent sévèrement la presse. Beaucoup ne lisent plus de quotidien. Il semblerait que, pour sortir de ce discrédit, la parole des discrédités ne suffise pas. Une voix extérieure est nécessaire. Tous les corps de métiers se dotent d'organisations représentatives pour défendre les droits, la réputation et l'intégrité physique de leurs affiliés. Mais, si le grand public connaît les noms des syndicats des autres salariés, des étudiants et du patronat, si chacun sait ce que recouvrent les sigles CGT, UNEF, MEDEF, qui peut dire comment les journalistes sont organisés, qui a entendu une déclaration d'un de leurs syndicats quand un grand reporter est enlevé ou tué ou licencié, ou contraint par l'actionnaire principal de jeter son papier dans la corbeille? Un usurpateur s'est substitué à eux, un coucou a pondu un œuf dans leur nid, un intrus y est né, y a grossi démesurément. Il s'appelle Reporters sans frontières, aberration génétique dont le bec s'ouvre sur un estomac insatiable qui engloutit argent des contribuables français et européens, dons de richissimes sponsors privés, contributions d'anonymes compatissants et, plus discrètement, les billets verts de l'Oncle Sam qui n'a jamais confondu organisation humanitaire et relais médiatique de sa politique guerrière. Parce que Reporters sans frontières ne répugne pas à propager des fausses nouvelles utiles à l'Empire, parce qu'elle s'évertue à minimiser les crimes de l'*US Army* contre les grands reporters, parce qu'elle revendique son mutisme sur les effets pervers de la concentration de la presse dans les mains des puissances financières, parce qu'elle dirige l'essentiel de ses tirs idéologiques sur les plus faibles, elle n'aide ni ne protège les journalistes, elle participe à la déconsidération dont ils souffrent. Elle les met en danger. C'est ce qui sera démontré dans les pages qui suivent.

I

De l'argent, de l'argent !

Un spectre hante les salles de rédaction de la presse hexagonale. Il a pour forme un petit personnage vindicatif, à la voix haut perchée, au vocabulaire répétitif et à la pensée sommaire mise au service de quelques obsessions simples et d'une cause inavouée.

En décembre 2005 à Strasbourg, un tiers du Prix Sakharov, créé en 1988 par l'Union européenne et doté de 50 000 euros, lui est attribué. Ce prix de « défense de la liberté » qui porte le nom de l'inventeur de la bombe atomique soviétique était à partager avec la juriste nigériane Hauwa Ibrahim et les « Femmes en blanc » de Cuba. La candidature de RSF a été présentée par le groupe Libéral et Démocrate – auquel est rattachée l'UDF. En apprenant que son organisation allait percevoir 33,33 % du Prix, l'homme a aussitôt déclaré : « Je suis fou de joie ». Ne comptons pas sur lui pour des réactions spontanées beaucoup plus élaborées. Quand, en 2004, le roi du Maroc libère le journaliste Ali Lmrabet, il déclare : « Nous sommes fous de joie. » Quand, en 2005, les journalistes Christian Chesnot et Georges Malbrunot sont libérés, il se dit : « fou de joie ». Quand Florence Aubenas et Hussein Hanoun sont libérés, il déclare : « Nous sommes fous de joie. » Et quand il peut approcher la journaliste sur le tarmac de l'aéroport à son arrivée en France le 12 juin 2005, il lui bourdonne sottement un : « On a vécu avec toi ». À quoi elle répond : « Je ne vous ai pas vus »[6]. Oui, décidément, la pertinence oratoire de l'ouvrier de la onzième heure est assez étriquée.

Reste son positionnement idéologique qui lui vaut les faveurs de la droite européenne, poussée par des députés de la droite française dont beaucoup trop adorent la liberté de la presse garantie par les banquiers et les marchands de canon, tel Dassault qui, à peine devenu propriétaire du *Figaro*, réunit « ses » journalistes pour leur donner quelques conseils rédactionnels et leur citer les informations « malsaines » parmi lesquelles celles qui font du mal à l'industrie. Les « dissidents » peuvent « librement » prendre la porte. Et ne disons rien de *Libération* où le nouvel actionnaire, Édouard de Rothschild, l'encre de son chèque à peine séchée, s'avisa de remplir une charrette de journalistes priés d'aller s'exprimer librement à l'ANPE avant d'inviter Serge July à partir – avec, il est vrai, de faramineuses indemnités et de bonnes perspectives de reconversion.

Mais chut ! Comme disent les comiques : « Cela ne nous re-gar-de pas ! ». Et surtout, cela échappe à celui dont l'œil de lynx scrute le tiers-monde avec l'acuité que nous allons découvrir.

L'homme s'appelle Robert Ménard, secrétaire général – à vie, semble-t-il – de Reporters sans frontières. Son omniprésence dans les médias pourrait laisser croire que son organisation a remplacé toutes les ONG de la planète. Il alimente les organes de presse en nouvelles, communiqués, enquêtes, rapports, qui seront repris par la profession en vertu du phénomène de « circulation circulaire de l'information » décrié par Pierre Bourdieu. Par parenthèse, ce sociologue, qui était reconnu dans le monde entier comme un des principaux moteurs de la pensée française, est tout naturellement honni par RSF. Dans le premier numéro de la revue *Médias* dont RSF et la femme de Robert Ménard sont les principaux actionnaires, on peut lire ce jugement abrupt : « Ce qui frappe dans le petit livre de Bourdieu sur la télévision, c'est l'indigence du propos. » Il est vrai que ce professeur au Collège de France n'hésitait pas à critiquer « l'empire arbitraire » et qu'il regrettait que « l'Europe européenne fonctionne comme un leurre dissimulant l'Europe euro-américaine qui se profile. ». Blasphèmes suffisants pour que le grand Ménard dévalorise le petit Bourdieu.

Ex-militant de la Ligue Communiste Révolutionnaire (LCR) puis du Parti socialiste, Robert Ménard a été assureur, manœuvre, apiculteur avant d'atterrir à Radio-France Hérault. En 1985, l'écoute d'une émission de France Inter, « Le téléphone sonne », avec Médecins sans frontières (MSF) lui donne l'idée salvatrice qui va le propulser au zénith. Il sollicite l'aide de Rony Brauman, alors président de MSF, et du journaliste Jean-Claude Guillebaud, pour fonder Reporters sans frontières dont l'objectif initial est de « promouvoir des formes de journalisme alternatif. » Très vite, il comprend que la critique de la presse qui appartient aux puissants n'est pas le bon créneau : « Pour défendre les journalistes dans le monde, nous avons besoin du soutien consensuel de la profession, tandis que la réflexion critique sur le métier de journaliste prête par définition à polémique. Comment, par exemple, organiser un débat sur la concentration de la presse et demander ensuite à Havas ou à Hachette de sponsoriser un événement ? »[7] Et pour que les mécènes à venir comprennent bien, Robert Ménard insiste par cet aveu impudent que l'hebdomadaire *Marianne* (5/11 mars 2001) qualifie sarcastiquement de «formidable» et de «courageux»: «Nous avons décidé de dénoncer les atteintes à la liberté de la presse en Bosnie et au Gabon et les ambiguïtés des médias algériens ou tunisiens...mais de ne pas nous occuper des dérives françaises.» Le journal canadien *La Presse* du 30 avril 2005 rapporte cette parole de Robert Ménard : «Je suis beaucoup plus préoccupé par la situation de journalistes qui sont balancés en prison en Érythrée que par l'entrée au capital de *Libération* du baron de Rothschild.» Notons au passage que Édouard de Rothschild n'a jamais prétendu être baron. Laissons. L'essentiel, dans cette déclaration de Robert Ménard n'est pas là, mais dans son raisonnement qui postule que RSF ne peut défendre deux types d'atteinte à la liberté de la presse. Comme si le choix en la matière était exclusif, comme si le problème était dans l'évaluation du niveau de gravité pour la presse entre des emprisonnements là-bas et des licenciements massifs ici, consécutifs au rachat des titres de presse par des financiers! Bien entendu, c'est différent pour les journalistes concernés: il vaut mieux être chômeur que prisonnier. Mais, dans les deux cas, on fait taire des journalistes. Dans les deux cas RSF devrait réagir. De fait, elle trouve dans le tiers-monde le prétexte à ne pas voir ce qui se trame sous ses fenêtres. Sa prétention d'agir «au nom de la défense de l'universalité et de l'indivisibilité des Droits de l'Homme» (voir au chapitre XXIX, la lettre de Robert Ménard à l'Union européenne) dans les pays pauvres devient nulle et non avenue dans notre pays. Finalement, ces droits seraient-ils régionaux et sécables?

Le 21 octobre 2004, Robert Ménard était l'invité du Club de la presse de Lyon. Interrogé sur la prise de contrôle de la Socpresse par Marcel Dassault – ce qui met l'avionneur à la tête de quatre journaux de la région –, Robert Ménard lâche une molle et lapidaire déclaration de principe contre les monopoles qui ne sont «jamais une bonne chose», comprend «que ça puisse inquiéter les Lyonnais» et se dit persuadé que les rédactions «se battront pour leur indépendance». Il y aura donc lieu de se battre? Avec l'aide de RSF? Non car, ayant ainsi épuisé son maigre stock d'indignation, Robert Ménard s'empresse de tempérer: «Mais je reste prudent, et je préfère attendre un peu avant de critiquer Dassault. [...] D'abord parce que je trouve que les décisions de Dassault ne sont pas si mauvaises [...] J'attends de voir...»[8]

Si la question était effectivement de voir avant de parler, l'attente de Robert Ménard aura été courte puisque, moins de deux mois plus tard, dès le 14 décembre, une dépêche de l'AFP tombait pour l'instruire: «Après le rachat par le Groupe Dassault de la Socpresse (70 titres), 270 journalistes de ces journaux (sur 2748, soit un dixième) ont décidé de quitter leur emploi en faisant jouer la "clause de cession". Parmi eux, 44 travaillaient au *Progrès de Lyon*, 45 au *Dauphiné Libéré*, 17 au "pôle Bourgogne" (*Le Bien Public* et *Le Journal de Saône-et-Loire*).»

Cependant, Robert Ménard continua d'attendre encore «un peu avant de critiquer Dassault». En cela, il se démarqua de ces 270 journalistes qui avaient préféré démissionner plutôt que de subir des «décisions qui ne sont pas si mauvaises» aux dires du champion de la liberté de la presse. Aux dernières nouvelles, Robert Ménard est toujours pétrifié dans son expectative prudente et circonspecte. Il se tait. Par contre, il réagit dans des cas précis: «Par ailleurs, l'automne 2005 a été particulièrement difficile pour les journalistes français. Plusieurs d'entre eux ont été agressés ou menacés lors du conflit syndical né de la privatisation de la SNCM, en Corse, et pendant les violentes manifestations dans les banlieues françaises, en novembre.»[9] RSF s'autorise donc à plaindre des journalistes français, mais à condition que soient impliqués des manifestants, et non pas des patrons de presse.

Très vite, les cofondateurs de RSF, Jean-Claude Guillebaud, premier président de l'association, et Rony Brauman, ont préféré s'éloigner. Guillebaud s'en expliquera : « Je pensais que ce type d'association ne pourrait conquérir sa légitimité que si elle consacrait autant d'énergie aux dévoiements de la presse dans les pays riches – à l'information-spectacle, à la concentration… – qu'aux entraves à la liberté de la presse dans les autres pays. »[10] Refus catégorique de Robert Ménard de le suivre dans cette voie. Pourquoi ? « Parce que, ce faisant, expliquait-il, nous risquons de mécontenter certains journalistes, de nous mettre à dos les grands patrons de presse et de braquer le pouvoir économique. Or, pour nous médiatiser, nous avons besoin de la complicité des journalistes, du soutien de patrons de presse et de l'argent du pouvoir économique »[11]. Sans compter la complicité d'un des principaux bailleurs de fond. Écoutons Robert Ménard en parler : « [en 1994] Rony Brauman dénonce le 'climat pourri' qui règne dans l'association, notre dépendance à l'égard de la Commission européenne… » Brauman déplore également l'autoritarisme de Robert Ménard et la « dictature domestique qu'il fait régner sur RSF », penchant confirmé par l'intéressé : « Je suis autoritaire. […] Je ne sais pas discuter et j'aime décider seul. »[12] Autoritarisme, certes, et réticence à entendre le moindre point de vue différent. Le 12 mai 2003 dans les locaux de son organisation à Paris, Robert Ménard recevait Salim Lamrani qui préparait un mémoire de DEA. Très vite, les questions pointues de l'étudiant sur ses rapports avec l'organisation US Fredom House[13] agacèrent le patron de RSF qui lui reprocha d'avoir « lu des imbécillités », réfuta son argumentaire : « Alors, vous le laissez aux imbéciles », lui conseilla vertement de mieux faire « son boulot ». À son interlocuteur qui avançait que Freedom House est une vitrine de la CIA, un Robert Ménard hors de lui proposa : « Vous voulez que j'appelle le patron de Freedom House ? » avant de lancer un menaçant : « Vous, faites attention ! » et de conclure par un incompréhensible : « Vous comprenez, je les défends parce que ce sont des gens avec qui je ne suis pas d'accord » – mais avec qui il est assez familier pour appeler leur patron à l'improviste. Se prêtant, le 22 octobre 2004, au jeu des questions-réponses avec les internautes sur un forum du *Nouvel Observateur*, il n'hésite pas à renvoyer ses interlocuteurs à leur « bêtise, illettrisme, imbécillité, ânerie. »[14] Aujourd'hui, cet esprit fin et tolérant dirige une organisation qui dispose d'un budget de plus de 3,9 millions d'euros, compte neuf sections nationales (Allemagne, Autriche, Belgique, Canada, Espagne, France, Italie, Suède et Suisse), des représentations à Abidjan, Bangkok, Londres, Moscou, New York, Tokyo et Washington, et de cent trente correspondants dans le monde. À cette force de frappe s'ajoute l'aimable concours de la « grande » presse et de sociétés multinationales pour un combat dont les esprits chagrins prétendent qu'il épouse curieusement celui de George W. Bush en maintes occasions, quitte à ne pas se laisser obnubiler par les assassinats de journalistes sur les champs de bataille. Car, même si l'association jure que son rôle est de défendre la liberté de la presse et les journalistes, la censure par l'argent ne l'intéresse pas outre mesure, il est des prisons qui l'émeuvent moins que d'autres et des cimetières de journalistes dans lesquels elle ne se recueille pas.

Quels sont les modes d'action de Reporters sans frontières ?

L'organisation diffuse les informations en adressant des lettres de protestation aux autorités et des communiqués de presse à la presse nationale et locale. En 2005, près de 1 000 communiqués et lettres de protestation ont été diffusés dont les objectifs sont :

- *Peser sur les gouvernements qui ne respectent pas la liberté de la presse*

- *Sensibiliser les médias et l'opinion, et les mobiliser en faveur des journalistes et médias persécutés.*[15]

Modes d'action d'une redoutable efficacité si l'on en juge au comptage, effectué par RSF, des journalistes tués au fil des années : 25 en 2002, 42 en 2003, 53 en 2004, 63 en 2005, 85 en 2006. Pour 2007, le chiffre atteint en octobre est déjà de 79, ce qui laisse présager un nouveau record. Cet inexorable crescendo tragique ne serait-il pas dû, pour une large part, à une certaine politique guerrière menée par un certain gouvernement ? Quelqu'un voit-il RSF « peser » vraiment sur lui et « sensibiliser les médias et l'opinion » sur les assassinats – tous impunis – de journalistes sur le théâtre des guerres ?

Le nombre d'affaires pour lesquelles Robert Ménard a joué autre chose qu'un rôle de mouche du coche reste à découvrir. Cependant, sa propension à épargner chaque fois que possible la presse nantie des pays occidentaux et à ne jamais entreprendre des actions contre la privation de la liberté d'expression des journalistes par suite de la concentration de la presse entre les mains de multimilliardaires dans les pays développés lui vaut honneurs et subventions. Robert Ménard apprécie les deux : « Un jour, nous avons eu un problème d'argent. J'ai alors appelé l'industriel François Pinault pour qu'il nous apporte son aide »[16]. « L'industriel », cela est bien dit, on croirait que l'homme du Palazzo Grassi de Venise fabrique des casseroles. On entend presque le cliquetis des emboutisseuses sur les plaques d'aluminium. En vrai, François Pinault est une des plus grosses fortunes françaises et un potentat de cette presse à laquelle RSF ne peut décemment pas dire : « Donnez-moi de l'argent, c'est pour rapporter franchement ce que certains pensent de vous et des médias ».

Les besoins financiers énormes de RSF sont comblés par une politique de marketing que ne renierait pas une entreprise à but lucratif. Son site fait la part belle à l'auto-publicité : albums photos de l'année, sacs à dos, DVD de l'actualité... En partenariat avec Digit Acess, elle a également mis en vente une gamme d'accessoires photos. Sur son site Internet, à la rubrique « Agir avec nous », RSF propose de pétitionner et cinq autres moyens qui consistent à lui donner de l'argent : acheter l'album, acheter les anciens albums, adhérer, faire un don, devenir partenaire (sponsor). Les médias sont inondés de publicité pour les produits de RSF et l'organisation ne résiste pas à l'éblouissement provoqué par le métal précieux :

La voiture en or, une première mondiale, claironne RSF[17].

La « voiture en or » sera vendue aux enchères au profit de Reporters sans frontières, ce lundi 20 juin 2005 à Paris, Porte Maillot, 75017 Paris. Une Mercedes Benz Classe A a été entièrement recouverte de 3 000 feuilles d'or pur 24 carats. Il a fallu 1 an de recherche et 60 heures de travail pour mettre techniquement au point cette « voiture en or » afin qu'elle puisse permettre la même utilisation que n'importe quelle autre voiture.

N'importe quelle voiture, en effet. Un an plus tard, l'ONG récidive dans les enchères de luxe :

Événement sur eBay.fr : un ballon de foot en « or », une première mondiale ! L'objet, « entièrement recouvert de feuilles d'or pur 24 carats » sera mis en vente aux enchères [...] au profit de Reporters sans frontières.

On imagine qu'il permettra la même utilisation que n'importe quel ballon ![18]

Nos comptes, se glorifie RSF, peuvent être consultés sur Internet. De fait, ils ne sont pas très détaillés. De plus, les déclarations publiques de son secrétaire général les contredisent allègrement. Par exemple, sur le forum du *Nouvel Observateur*[19] :

– Internaute : *Vous avez réalisé en France des campagnes contre le tourisme à Cuba conçues à Miami ? Qui paye les frais ?*

– Robert Ménard : *Les campagnes d'information que nous*

menons à l'égard des touristes qui se rendent à Cuba sont conçues par notre agence Saatchi & Saatchi. Et elles sont financées par nos propres soins.

Saatchi & Saatchi, basée aux USA, compte 7 000 employés et 138 bureaux dans 82 pays. Elle travaille pour 60 des 100 plus importants annonceurs, elle crée gratuitement les campagnes de RSF. En témoigne ce qu'écrit l'ONG sur son site: « Depuis 2002, Saatchi & Saatchi réalise gracieusement toutes les campagnes de communication de Reporters sans frontières. »[20]

– Internaute : *Quelle proportion des budgets de RSF vient des cotisations et combien des subventions des gouvernements (américains ou européens) et des entreprises privées ?*

– Robert Ménard : *Plus de 80 % du budget de RSF provient de la vente de nos albums photos et des ventes aux enchères que nous organisons régulièrement. Quant au financement public il représente moins de 5 % de nos recettes. Et rien de la part du gouvernement américain.*

Robert Ménard est contredit par les comptes publiés sur le site Web de RSF. Au moment où il tient ses propos, son budget (celui de 2003) atteint la coquette somme de 3 474 122 euros. Le financement public représente 26 % des recettes (Gouvernement français plus Union européenne), soit plus de 5 fois le pourcentage annoncé par Robert Ménard. Le financement externe atteint 38 % du budget si l'on y ajoute les versements de sponsors privés. Quant aux recettes propres, le site affiche non pas 80 % mais 58 % (ventes de publications plus opérations ponctuelles), ce qui est déjà beaucoup. En effet, si l'on lit bien un graphique figurant dans les comptes de RSF, 1353315 euros de bénéfices sont dégagés par la vente de leurs albums et de photos. De quoi faire rêver beaucoup d'éditeurs. Et cela souligne, *a contrario*, que RSF ne vit pas des cotisations de ses adhérents. Pour l'année 2005, les comptes de RSF attribuent un petit 9 % de son budget aux « cotisations et dons ». Ainsi diluée, la part seule des cotisations reste inconnue[21].

Des euros donc et pas de dollars ? Non, puisque : « Rien de la part du gouvernement américain ». Nous allons démontrer le contraire.

II
Pour une poignée de dollars

Au mois de mars 2006, las de voir son pays être la cible permanente de RSF depuis des années (voir chapitres XVII à XXI), le ministre de la communication et de l'information vénézuélien a lancé une accusation précise : « RSF est financée par le congrès américain ». Calomnie ? Voyons cela.

Tenue à cette formalité par la loi relative aux organisations reconnues d'utilité publique, RSF affiche la liste des mécènes qui, soit par des versements, soit par des aides diverses, assurent sa prospérité.

Pour l'année 2004 : Premier ministre, ministère de la Culture et de la Communication, ministère des Affaires étrangères, Agence intergouvernementale de la Francophonie, l'Union européenne, Sanofi-Synthelabo, FNAC, CFAO, Beaume et Mercier, le Bon Marché, Fujifilm, les éditions ATLAS, la Caisse des Dépôts et Consignations, la Fondation EDF, *Télérama*, Cadena Ser, la Fondation de France, l'Open Society Institute, le Center for Free Cuba, les NMPP, la Seddif, Interforum Editis, AAP, Insert et Promap, l'agence Nuit de Chine, Carrefour,

Monoprix, Intermarché, Casino, France Loisirs, le réseau Relay, le site Internet Alapage.com, l'agence Saatchi & Saatchi. Il manque – ont-ils renoncé ? – Hewlett-Packard, la Fondation Hachette, la Fondation RealNetwork, Color Club, Publicis et Globenet qui apparaissaient l'année précédente. Par contre, on note la présence discrète de l'Open Society Institute et celle d'un nouveau venu : le Center for a Free Cuba. Pour ces deux dernières, RSF se sent obligée d'indiquer le pourcentage de leur apport afin d'en prouver la modestie : « Ces deux organismes représentent respectivement 1,9 % (pour l'Open Society Institute) et 1,3 % (pour le Center for Free Cuba) de nos ressources totales. » Mais pourquoi ce besoin de minimiser si ces sponsors sont honorables et désintéressés et si une ONG peut accepter sans honte leurs dollars ? Pour l'année 2005, la liste des mécènes affiche quelques départs et des nouveaux venus. Parmi ces derniers : *Ouest-France* – RSF omet de nous dire que son président, Pierre Veilletet en a été le rédacteur en chef –, l'UNESCO, Camara, France Rail, Cora, le SNDP (Syndicat National des Dépositaires de Presse), l'UNDP (Union Nationale des Diffuseurs de Presse) et la NED, (National Endowment for Democracy, Fondation Nationale pour la Démocratie), un « oncle d'Amérique » qui aime porter un masque.

Pour leur livre *Dissidents ou mercenaires*[22], la journaliste belge Katlijn Declercq et le journaliste colombien Hernando Calvo Ospina ont interrogé Robert Ménard sur les ONG financées par les USA. Dénégation indignée de Robert Ménard : « RSF veut être clair là-dessus : notre argent est totalement propre ! [...] C'est important que cela soit clair ! » Dès le 11 mars 2005, la journaliste états-unienne Diana Barahona a révélé[23] que RSF perçoit des fonds gouvernementaux états-uniens via la NED dont le quotidien *Libération* nous apprit que, dans les années 1980, elle finançait une autre organisation française : le syndicat étudiant d'extrême droite l'UNI. La journaliste US regrette que «l'organisation semble réticente à aborder ce sujet: le représentant de RSF à New York, Tala Dowlatshahi, mit fin à une conversation téléphonique lorsque la question fut posée de savoir si l'organisation avait demandé l'année dernière des fonds gouvernementaux US autres que ceux déjà accordés par la National Endowment for Democracy.» Et Diana Barahona d'écrire: «L'avocate des Droits de l'Homme, Eva Golinger, a découvert que plus de vingt millions de dollars ont été versés par la NED et USAID aux groupes d'opposition et médias privés du Venezuela, dont beaucoup avaient participé au coup d'État[24]. La NED a accordé à RSF prés de 40 000 dollars au mois de janvier 2005».

Robert Ménard pouvait-il ignorer, le 22 octobre 2004, quand il répondait à l'internaute, que cet argent allait arriver? Se peut-il que la subvention n'ait pas été budgétisée à ce moment-là outre-Atlantique? On peut en douter si l'on sait que les dollars ne sont octroyés que pour répondre à une sollicitation, laquelle se fait sur présentation par le postulant d'un dossier qui donnera lieu à versement l'année suivante. Pour en avoir le cœur net, j'ai posé directement la question à RSF. À quel moment en 2004 avez-vous sollicité une subvention de la NED. Réponse laconique: novembre. Est-ce vérifiable? Non, – sauf si la NED est d'accord pour nous communiquer le dossier établi par RSF! –, mais admettons. Cependant, comment croire que le secrétaire général de RSF ignorait à la fin du mois d'octobre qu'une demande de fonds était sur le point de partir? Cette démarche ne s'improvise pas. L'ONG doit remplir un long dossier, assez complexe d'ailleurs pour que la NED fournisse un modèle destiné à aider le quêteur[25]. On pourra ergoter en répondant: «Effectivement, RSF ne touchant rien de la NED en 2004, elle n'a menti que par omission. L'argent n'était pas arrivé». Par contre, quand, répondant à un journal québécois (*La Presse*, 30 avril 2005), Robert

Ménard déclare : « Ce serait stupide de refuser cette somme », il aurait dû dire, pour être dans le vrai : « Ce serait stupide de n'avoir pas demandé cette somme » ou encore : « Après avoir tendu la main il est logique d'accepter l'aumône ».

Le 18 avril 2005, six mois après son catégorique : « Rien de la part du gouvernement américain », Robert Ménard était à nouveau invité pour un forum du *Nouvel Observateur*. La question lui sera encore posée. Entre-temps, l'article de Diana Barahona est paru. Il faut à présent manœuvrer en recul et la réponse à l'internaute sera différente de celle du précédent forum : « Absolument, nous recevons de l'argent de la NED. Et cela ne nous pose aucun problème.[26] » Cela devrait. Le financement de la NED est en effet voté par le Congrès dans le cadre de l'argent versé à l'US Agency for International Development (USAID). La journaliste Diana Barahona a noté que la NED n'a rien d'une ONG. Un ancien agent de la CIA spécialisé dans l'Amérique latine, Philip Agee, a révélé dans une interview[27] au journaliste canadien Jonah Gindin, le 22 mars 2005, que la NED est une des nombreuses organisations-écrans dont la CIA se sert pour intervenir dans les affaires intérieures des pays : « Le Congrès donne des millions de dollars à la NED qui passe ensuite l'argent à ce qu'ils nomment les fondations noyaux » – relais de la NED. Au Nicaragua, pour intervenir sur les élections qui virent la défaite des sandinistes[28], « la CIA et la NED ont mis en place un front civique appelé *Via Civica* ». René Vázquez Díaz, écrivain cubain exilé qui réside en Suède corrobore : « L'Agence des États-Unis pour le développement international (USAID) et la National Endowment for Democracy (Fondation nationale pour la démocratie), organisations créées pour réaliser au grand jour ce que l'Agence centrale de renseignements (CIA) pratique en secret, rassemblent de très importantes sommes d'argent. »[29] Le premier président de la NED, Carl Gershman, avouait en 1986 : « Il serait terrible pour les groupes démocratiques du monde entier d'être vus comme subventionnés par la CIA [...]. C'est parce que nous n'avons pas pu continuer à le faire que la fondation (la NED) a été créée »[30]. Allen Weinstein, qui a travaillé à la rédaction des statuts de la NED, déclarait en 1991 : « Beaucoup de ce que nous faisons maintenant a été fait en secret par la CIA il y a 25 ans »[31].

La plupart des figures historiques de la CIA ont siégé un jour ou l'autre au Conseil d'administration ou à la direction de la NED, dont Otto Reich – dont nous reparlerons – et John Negroponte – nommé ensuite ambassadeur en Irak occupé, puis *big chief* de tous les services de renseignements US. D'une autre source discrète, le Center for a Free Cuba (CFC), RSF reçoit des dollars depuis 2002. Qu'est-ce que le Center for a Free Cuba ? Une des organisations subventionnées par la NED et par l'USAID pour renverser le gouvernement cubain[32].

Les « Comptes 2004 » de RSF sont publiés sur son site. Ils portent la date du 31 décembre 2004, ce qui indique à quel moment les comptes ont été arrêtés et non pas, comme il faudrait le croire, quand ils ont été rendus publics. Ces comptes font apparaître pour la première fois le Center for a Free Cuba. Apparemment, il s'agit d'un aveu spontané qui semble être antérieur à un article de Thierry Meyssan du réseau Voltaire qui révélait, le 26 avril 2005, que RSF était ainsi financée depuis 2002. Or, un doute m'est venu. J'ai voulu vérifier si la date accolée aux comptes 2004 correspondait peu ou prou à la date à laquelle ils avaient réellement été publiés. Pour ce faire, j'ai demandé conseil à un informaticien, lequel a étudié de près le lien qui renvoie à la page incriminée : www.rsf.org/article.php3?id_article=14275. Le chiffre final indique que cette page est la 14 275e publiée par RSF. Si l'on remonte en arrière, on tombe sur un lien exploitable : www.rsf.org/article. php3?id_article=14273 qui ouvre une page datée du 1er juillet 2005. Cette date est sincère puisque l'article afférent fait référence à des événements survenus quelques jours avant. Donc les chiffres 2004 ont été mis en ligne au plus tôt le 1er juillet 2005, soit deux mois après que le réseau Voltaire eut découvert le pot aux roses. Bref, Diana Barahona révélant les subventions de la NED, le réseau Voltaire celles du Center for a Free Cuba, il était devenu impossible de tout nier en bloc. Dans un article paru le 6 juillet 2005, RSF affirme : « Les seules subventions que nous percevons en provenance des États-Unis sont celles des fondations Center for a Free Cuba et National Endowment for Democracy (NED). La première nous a accordé, en 2004, une subvention de 50 000 dollars, ce qui représente 1,3 % du budget total de Reporters sans frontières. La NED nous a aidé, pour la première fois en 2005, en nous versant une subvention de 39 900 dollars. »[33] On remarquera que RSF avoue la subvention 2004 du CFC, mais ne souffle mot de celles des années précédentes. Sa réponse sous-entend donc qu'il n'y en a pas eu.

À ce stade, des questions se posent. De deux choses l'une : ou bien l'information du réseau Voltaire est partiellement fausse et le Center for a Free Cuba n'a pas donné un dollar en 2002 et en 2003, ou bien, si les versements ont débuté en 2002, l'ONG ment encore par omission. J'ai donc posé directement la question à RSF – c'est-à-dire que je l'ai conviée à confirmer ou à infirmer ce qui se répétait désormais à l'envi sur des sites Internet dans le monde.

Réponse : Sommes reçues du Center for a Free Cuba depuis 2002 (en euros) :

2002 : 24 970
2003 : 59 201
2004 : 44 315
2005 : 92 330

Ce point étant éclairci, revenons à la NED et admettons que, lorsque la journaliste US a levé le lièvre, RSF touchait pour la première fois de l'argent de cette officine. En quoi ces dollars et ceux du Center for a Free Cuba seraient-ils devenus «*totalement propres*»? Et en quoi cela justifierait-il la réponse négative de Robert Ménard au premier forum en octobre 2004 –« Rien de la part du gouvernement américain»– puisque RSF était déjà discrètement financée par une autre organisation directement chapeautée par la CIA et chargée de renverser le gouvernement d'une île caribéenne?

À cette question, la justification habituelle de RSF relève de l'argutie: ce n'est pas le gouvernement états-unien qui verse directement dans les caisses de RSF, mais le Center for a Free Cuba. Fort bien, mais le Center for a Free Cuba est financé par le biais de l'Agence internationale pour le développement (USAID) et la NED. Or, la NED, n'est pas une agence privée, mais une agence gouvernementale. Son argent vient du Département d'État, lequel est une branche de la présidence chargée de la politique étrangère. La CIA est aussi une branche de la présidence chargée de la politique étrangère. La procédure administrative qui fait que c'est le Congrès –le Parlement– qui vote les crédits ne change rien. Le Congrès est républicain –bushien–, les démocrates sont en phase avec eux pour ce qui concerne les activités de la CIA. Le gouvernement décide, les sénateurs –toutes tendances confondues– votent, des sociétés-écrans encaissent et redistribuent. RSF ne reçoit rien *directement* de la CIA? Certes. Il faudrait que les dirigeants des services secrets US aient perdu la raison et la mémoire pour continuer les pratiques qui se sont avérées néfastes dans le passé quand ils subventionnaient ouvertement des ONG étrangères.

«Le détail de [nos] comptes est consultable sur notre site Internet» écrit RSF dans le quotidien *Métro* du 6 avril 2006.

Vrai ? Pourquoi donc ces fonds, avant que leur existence ne soit découverte, ne figuraient-ils pas dans les bilans comptables annuels de RSF sur son site ? On lira en annexe II que, dans *Métro* (en 2006 !), RSF a nié percevoir des dollars, chose qu'elle avait déjà reconnue par ailleurs (en 2005) comme nous l'avons vu.

En fait, tout se passe comme si, pour un public restreint d'internautes adroits et capables de fréquenter les sous-chapitres des pages intérieures du site de RSF, les dollars pouvaient être – tardivement – montrés, sans doute pour souscrire aux obligations légales d'une association reconnue d'utilité publique. Mais, pour monsieur-tout-le-monde (intervenants sur un forum d'un hebdomadaire, lecteurs de quotidiens français, auditeurs, acheteurs des calendriers et des albums photos de RSF), ils sont escamotés. La vérité pour la « France d'en haut » et pour l'Administration, la litote pour l'opinion publique appelée à cracher au bassinet.

Une autre source de financement de RSF a-t-elle du mal à apparaître ? En juillet 2006, s'appuyant sur des recherches du journaliste Jeremy Bigwood, de Washington, Diana Barahona nous parle de l'IRI (International Republican Institute), filiale de la NED. Jeremy Bigwood est le principal spécialiste aux États-Unis de l'utilisation du *« Liberty of information Act »* qui permet de révéler des documents censurés par le gouvernement. Autre paravent de la CIA, l'IRI intervient avec la NED pour aider à la mise en place, et qu'importent les moyens, de gouvernements alignés sur les positions états-uniennes. Le quotidien *L'Humanité* le décrit ainsi : « [...] instrument de l'ingérence américaine dans la vie politique d'États ne partageant pas les options de Washington. Le même institut s'était distingué pour son implication dans le putsch visant à renverser Chávez au Venezuela en avril 2002 ». Parmi les principaux dirigeants de l'IRI, on trouve Paul Bremer, qui sera administrateur civil états-unien en Irak où il exercera, sous l'œil incroyablement indulgent de RSF, un droit de censure régalien sur la presse[35].

Dans une lettre adressée en date du 9 avril à la Division information et archives de la United States Agency for International Development (USAID), Diana Barahona invoque la *Freedom of Information act* pour réclamer des « copies d'archives et de remises de fonds » à Reporters sans frontières et à son secrétaire général, Robert Ménard, citoyen français. Elle explique qu'elle «recueille de l'information sur le financement de Reporters sans frontières de la part du gouvernement des États-Unis, ce qui est d'intérêt public puisque plusieurs médias se réfèrent à RSF comme source. Tout financement gouvernemental devrait être divulgué de telle sorte que des journalistes n'aillent pas utiliser sans connaissances adéquates des sources qui ne sont pas objectives». Elle indique dans ce même document que plusieurs médias de la presse écrite et électronique utilisent RSF comme source « sans rien connaître ou sans rien dire au public du conflit d'intérêt [où se place] RSF en recevant des subsides gouvernementaux». Le premier août 2006, Diana Barahona et Jeb Sprague constatent que « malgré quatorze mois de fins de non-recevoir opposés par le National Endowment for Democracy (NED) à notre demande formulée sous la loi de la Liberté d'Accès à l'Information («*Freedom of Information Act*») et une dénégation nette de la part de la directrice exécutive de RSF, Lucie Morillon, la NED a finalement admis que Reporters sans frontières avait bien reçu des dons au cours des trois dernières années de la part du IRI. La NED refuse toujours de fournir les documents demandés ou même de révéler les montants versés, mais ces dons sont identifiés par les références suivantes : IRI 2002-022/7270, IRI 2003-027/7470 et IRI 2004-035/7473. Le journaliste d'investigation Jeremy Bigwood a demandé le

25 avril à la directrice exécutive de Reporters sans frontières, Lucie Morillon, si son organisation recevait de l'argent du IRI, et elle a dit non. Mais l'existence de ce financement a été confirmée par Patrick Thomas, adjoint du président de la NED »[36]. Nous avons donc : un journaliste US qui avance, à partir de documents rendus publics, que RSF aurait été payé par l'IRI, la NED qui donne les références des versements, le N° 2 de la NED qui confirme, RSF et sa correspondante de RSF aux USA qui nient. En août 2006, RSF étant sur la sellette dans un forum du site Universmedias.com, Jean-François Julliard, se présentant comme le « responsable de la recherche à Reporters sans frontières » intervient pour jurer que son association n'a jamais rien touché de l'IRI, ni rien demandé et il ajoute : « La personne de la NED qui affirme le contraire se trompe, de bonne ou de mauvaise foi [sic]. Les numéros de contrats énoncés dans l'article ne correspondent à rien concernant Reporters sans frontières. »[37] J'ai personnellement posé la question à RSF le 25 août et j'ai eu la même réponse négative. Soit ! Mais on mesure ici à quel point les pratiques de RSF, son opacité, jettent sur elle la suspicion. Le caractère évolutif et contradictoire des renseignements qu'elle fournit sur ses finances incitent, quand deux versions nous sont présentées, à ne pas croire prioritairement la sienne.

Par un courriel du 11 septembre 2006, Diana Barahona me fait savoir ce qui suit : « En 2005, j'ai effectué trois demandes dans le cadre de la loi sur la liberté de l'accès à l'information. Une de ces demandes a été envoyée à USAID et l'agence a répondu qu'elle n'avait rien. Une autre a été envoyée au Département d'État, qui a donné la même réponse. La troisième demande fut envoyée à la National Endowment for Democracy (le fait que la NED soit dans l'obligation de souscrire à la loi sur la liberté de l'accès à l'information prouve qu'il s'agit bien d'une agence gouvernementale), et c'est cette dernière qui n'a jamais répondu. Récemment, j'ai envoyé de nouvelles demandes plus précises aux trois agences, puisque l'on sait que les trois ont menti lorsqu'elles ont dit qu'elles n'avaient rien. J'attends les réponses à ces trois nouvelles demandes, ainsi que la réponse à la demande de 2005 auprès de la NED. »

Un peu partout, on sent de la mauvaise volonté à répondre aux questions légitimes. Par souci de transparence, RSF devrait se retourner publiquement vers l'assistant du président de la NED et le mettre au défi de prouver ce qu'il avance quant à l'IRI. Elle devrait, de surcroît, publier ses comptes complets et détaillés. Elle ne le fait pas. Or la connaissance de l'origine de tous les revenus d'une organisation est indispensable à quiconque est susceptible d'adhérer ou de cotiser ou encore aux professionnels qui sont appelés à se référer à elle et à quiconque est destinataire de ses messages.

Ainsi arrosée de toutes parts, RSF dispose d'un énorme budget. Quel usage en est-il fait ? 93 % ne sont-ils pas absorbés par les frais de fonctionnement, de propagande et les salaires, ne laissant que 7 % pour accomplir la mission première : l'aide directe aux journalistes ? La réponse est oui pour le budget 2003 – les rapports ultérieurs ne donnent plus ce « *détail* ». On comprend pourquoi.

Dès lors, une question se pose : le généreux donateur Lambda qui, aux côtés du gouvernement français, de l'Union européenne, des richissimes sponsors privés, de louches officines US, croit participer à des actions de libération de journalistes, au soutien financier de leur famille, au paiement d'honoraires d'avocats, toutes choses pour lesquelles RSF en appelle à sa générosité, n'est-il pas grugé ? Chaque fois qu'il donne un euro, sept centimes seulement arrivent à destination. Le reste est retenu en frais de fonctionnement, publicité, salaires, activisme politicien à tendance unidirectionnelle dans lequel – nous allons le démontrer – les faucons du Pentagone trouvent leur compte.

La répartition globale des dépenses de RSF en 2005[38] figure sur Internet dans un graphique grossièrement découpé en quatre parts : fonctionnement 20 %, mobilisation des médias 29 %, publications 22 %, recherches-missions-assistance 29 %. Le groupage de la dernière part est habile pour mettre dans le même sac des recherches-missions – voyages à l'étranger, semble-t-il – et l'assistance concrète aux journalistes dont on a vu qu'elle écornait peu le budget de RSF les années précédentes. Si, sur le site de RSF, on clique sur le lien « Pour en savoir plus sur les fonds d'assistance », on court à la déception. On apprend que RSF a accordé en 2005 (sans en préciser le montant) « une centaine de bourses d'assistance afin de venir en aide aux familles des journalistes emprisonnés, de prendre en charge des frais d'avocats, des frais médicaux, ou d'apporter une aide financière à un journaliste ou à un média en difficulté. » Qui sont les bénéficiaires ? Un seul nom est donné, comme en alibi, celui du journaliste iranien Akbar Ganji. On ignore si des journalistes emprisonnés par les États-Unis en Irak et à Guantanamo ont été soutenus. On en serait surpris. En juillet 2006 sous le titre « À quoi sert l'argent de Reporters sans frontières ? », le site de l'association fournit une liste de ses dépenses entre avril et juillet : participation aux frais d'organisation d'une conférence au Pakistan, paiement du transfert et de l'hébergement d'un journaliste congolais à Kinshasa, paiement de l'encre pour l'impression de journaux à Freetown – en 2005, RSF avait payé le papier ! –, paiement de frais médicaux d'un journaliste tunisien en grève de la faim et deux ou trois autres dépenses tout aussi ruineuses. Rappelons que les ressources de RSF se montent alors (budget 2005) à 3 820 098 euros. Plus qu'il n'en faut assurément pour payer les frais de déplacement d'un seul journaliste africain, d'une visite médicale, d'encre et pour contribuer à organiser une réunion. Pourtant, toujours en juillet 2006, sous le titre « Soutien aux journalistes et militants des droits de l'homme emprisonnés au Turkménistan », le site de RSF lance une pétition et tend sa sébile avant d'agir : « Envoyez vos dons à Reporters sans frontières : 5 rue Geoffroy-Marie, 75 009 Paris ou par virement sur le compte bancaire de l'organisation ».

Il est par ailleurs impossible de comprendre pourquoi plus d'un quart du budget de RSF est absorbé par la « mobilisation des médias » – RSF les paie ? Pis, on est effaré de constater que 20 % des ressources en 2005 sont consacrées au fonctionnement de l'organisation. À titre d'édifiante comparaison, pour Médecins sans frontières, sur 100 euros employés en 2005, 89 l'ont été pour les missions sociales concrètes, 7 pour la recherche de fonds et 4 (cinq fois moins que RSF) pour le fonctionnement.

Chaque ONG a ses spécificités et ses contraintes ; par conséquent, les mises en parallèles peuvent être injustes. Mais l'écart n'est-il pas ici trop important ? Avocats sans frontières utilise 5,4 % de ses ressources pour son fonctionnement, la Croix Rouge française, à peine plus de 4 %. La section française d'Amnesty International consacre 98,7 % des dons collectés à la réalisation de sa mission sociale.

Il est également révélateur de faire l'expérience suivante. Sur Internet, rapprochons les bilans comptables de Reporters sans frontières et de Médecins sans frontières dont Robert Ménard a prétendu s'inspirer à l'origine. Pour MSF, 172 pages de comptes détaillés contrôlés puis certifiés par leur commissaire aux comptes, Barbier-Frinault et Autres, membre d'Ernst &Young. De plus, MSF publie son organigramme et donne la fourchette des salaires perçus par ses permanents, cadres et employés. Sur ces points aussi, le mystère est épais sur le site de RSF qui se plie au minimum légal «validé par un commissaire aux comptes». Les comptes publiés durant l'été 2007 sur l'exercice 2006 sont aussi édifiants. Les charges de fonctionnement bondissent à 28 %. RSF annonce un budget de 3 923 429 d'euros avec un mécénat généreux mais moins nombreux: Sanofi Aventis, Benetton, la CFAO et «le groupe Zeta».

Quel donateur potentiel sait qui est le groupe Zeta? Zeta est un groupe de presse espagnol, propriétaire de 13 quotidiens, 2 hebdomadaires et 13 mensuels. Il est également investi dans la radio et la télévision et actionnaire à hauteur de 20 % du quotidien gratuit *20 minutos* (2 millions de lecteurs). Comment RSF pourra-t-elle défendre les journalistes de ce groupe contre leur patron, son sponsor? En France, elle reçoit pas moins de 600 000 euros de Sanofi pour financer *Qui Vive*, hebdomadaire mural visant les jeunes (15/24 ans) et collé aux alentours des collèges et lycées.

RSF annonce également un financement par la fondation Soros (comprendre l'Open Society Institute) et par la NED et le CFC, abusivement baptisées «fondations privées» [sic] alors qu'elles sont des agences gouvernementales US comme nous l'avons indiqué plus haut. Le montant de leurs versements n'est pas donné.

Tant de pudeur dispense de faire voisiner dans des tableaux ou des graphiques les détails des dons des particuliers mal informés avec ceux des multinationales, qui savent ce qu'elles font et ceux d'organisations-écrans de la CIA qui balisent les futurs champs de bataille.

III
De Robert Ménard à Otto Reich

Nous avons évoqué le nom d'Otto Reich, qu'on retrouve dans la NED qui finance RSF. Mais que sait-on de cet individu ? C'est une personnalité très controversée de l'Administration Bush. Il a été impliqué dans mille coups tordus en Amérique latine et notamment dans la sale guerre des «*contras*» (troupes d'insurrection entraînées, armées et financées par les USA) au Nicaragua sous le mandat de Reagan. Ambassadeur des États-Unis au Venezuela, en 1986, Otto Reich y fera libérer le terroriste Orlando Bosch dont la liste des crimes aveugles est interminable et effroyable – dont l'implication dans un attentat qui fit soixante-treize morts par l'explosion en vol d'un avion de ligne en 1976. Trente pays refuseront de lui accorder l'asile en raison de son passé criminel. Les États-Unis y compris. En janvier 1989 le Procureur Dick Thornburgh, chargé d'examiner sa requête a écrit : « Pendant trente ans, Bosch a démontré une détermination sans faille à défendre la violence terroriste... Il a exprimé et démontré de manière répétée sa volonté d'infliger aveuglément des blessures et la mort. » Il a décrit Bosch comme un « terroriste non repenti »[39]. Pourtant, Otto Reich presse Washington de l'accepter sur son territoire, d'abord sans succès. Puis Bush senior lui accorde en 1990, le droit de résidence aux États-Unis. Le *New York Times* parlera alors de « dilapidation de la crédibilité des États-Unis sur les questions de terrorisme », ce qui n'empêchera pas Bush de nommer Reich représentant des États-Unis au sein de la commission de l'ONU sur les Droits de l'Homme à Genève de 1991 à 1992.

Le lourd passé d'Otto Reich et ses interventions pour un homme comme Orlando Bosch ont incité le Congrès à refuser de confirmer sa nomination au poste de sous-secrétaire d'État pour l'Amérique latine. *The Guardian*, sous le titre « La décision de Bush de faire revenir Otto Reich révèle l'hypocrisie de la "guerre" contre le *terrorisme* »[40], explique comment Otto Reich a été nommé par le président Bush sous-secrétaire d'État des affaires d'Amérique latine. Les démocrates de la Commission des Affaires Étrangères du Sénat avaient fait savoir qu'ils s'opposeraient à la nomination de Reich : « Alors le président Bush a procédé à une « nomination spéciale » (*recess appointment*) début janvier, ce qui signifie qu'il peut court-circuiter l'étape de confirmation par le Sénat et éviter des questions embarrassantes qu'on aurait pu poser à Reich. » Dans un de ses ouvrages, l'auteur Ann Louise Bardach évoque Otto Reich : « Une demi-douzaine de rapports de la CIA et du Département d'État laissent peu de doutes que Reich se soit servi de sa fonction pour exercer des pressions en faveur d'Orlando Bosch, un homme dont le ministère de la Justice de Bush a conclu qu'il avait participé à plus de trente actions terroristes »[41]. *The Guardian* encore : Otto Reich s'est activé « dans les groupes de pression des milieux d'affaires et a travaillé pour Rhum Bacardi, recevant un salaire de 600 000 dollars, selon le *New York Times*. Bacardi a un intérêt économique énorme au renversement de Castro, puisque cela leur permettrait de reprendre le contrôle de leurs anciennes distilleries »[42].

Sympathique personnage que nous aurons encore l'occasion de croiser dans ces pages et dans les parages de RSF.

IV

Belgrade et les morts sans importance

Le 23 avril 1999, un bombardement ciblé de l'OTAN contre le siège de la radiotélévision à Belgrade provoque un carnage. Sur le site de RSF, le bilan 2000 des journalistes tués l'année précédente le passe sous silence. Il en est de même, dans son rapport annuel dont la première page « EUROPE/Ex-URSS » évoque seulement – et sobrement – le bombardement de l'ambassade chinoise : « [en 1999] six journalistes ont trouvé la mort dans l'exercice de leur métier : trois correspondants de médias officiels chinois ont été tués lors du bombardement – « par erreur » – de leur ambassade par l'aviation de l'OTAN, à Belgrade... » Il faut accéder à une autre page intérieure du site en cliquant sur « Serbie » pour apprendre que :

[l'aviation de l'OTAN a bombardé] le bâtiment de la Radiotélévision de Serbie (RTS), situé au centre de Belgrade, faisant seize morts parmi ses employés. Une partie du bâtiment est détruite ainsi que le pilier porteur des antennes satellites, entraînant l'arrêt des programmes. Le porte-parole général de l'OTAN, Jamie Shea, avait déclaré le 8 avril que « les radios et télévisions serbes sont de-

venues des cibles légitimes car elles sont un instrument de propagande et de répression». Le 22 avril, d'autres émetteurs de la RTS sont touchés sur le territoire de la Yougoslavie par les bombardements de l'aviation alliée. Les émetteurs de la montagne Kapaonik (200 km au sud de Belgrade), du mont Ovcar (130 km au sud-ouest de Belgrade), du mont Crni Vrh (100 km au sud de Belgrade) sont notamment détruits. [...]Le bombardement par l'aviation alliée du siège de la RTS au centre de Belgrade, qui a causé la mort de seize employés de la chaîne, a posé la question de «légitimité» de ces frappes. Par ailleurs, trois fonctionnaires chinois qualifiés de journalistes ont trouvé la mort lors du bombardement par l'OTAN de leur ambassade[43].

On savourera le fait que, le siège central des médias d'un pays européen ayant été bombardé par des forces militaires sous commandement états-unien, RSF s'empresse de donner la parole, non pas aux confrères des seize journalistes tués d'un seul coup, non pas aux survivants (il y en a eu seize également), mais au porte-parole des tueurs. La pratique, on le verra plus loin, est habituelle chez RSF, quand le coupable porte un uniforme de l'*US Army*. On prisera pareillement que RSF ne déclare pas ses frappes illégitimes – elles le sont et elles constituent même des crimes de guerre –, mais nous apprend seulement que la question de leur légitimité a été posée. Par qui ? Pas par RSF en tout cas.

Par ailleurs, dans tous les pays en guerre, les médias deviennent plus ou moins – et plutôt plus que moins – des instruments de propagande de leur gouvernement. Que l'armée adverse les baptise alors «cibles légitimes» peut ne pas surprendre. Mais que RSF donne la parole à ceux qui tiennent ce discours, et sans les contredire, indique bien qu'elle avalise leur raisonnement. Par là même, ne se situe-t-elle pas dans le camp des bourreaux alors que sa vocation serait d'être dans celui des victimes ? N'a-t-on pas le sentiment ici que, si les journalistes, aux yeux de RSF, ont le droit de tout écrire librement – y compris des horreurs négationnistes –, une limite est tracée : la critique de la politique guerrière des USA ? Enfin, cerise empoisonnée sur le gluant gâteau, les trois morts chinois ne sont plus des journalistes, ils sont « qualifiés de journalistes » – par les Chinois survivants, donc par des suspects.

Pour ceux qui aiment les chiffres, l'information de RSF relative à ces deux bombardements qui ont provoqué dix-neuf morts, compte 1140 signes, enrobées dans un long texte de plus de 29 000 signes (25 fois plus !) détaillant les mesures vexatoires ou de rétorsion prises par le gouvernement yougoslave contre la presse.

En cours d'écriture de ces pages, j'ai consulté le rapport annuel de RSF qui comptabilise les journalistes tués l'année écoulée et j'ai relevé ceci, que j'ai noté sur un brouillon : « Étrangement, et sans en donner la raison, RSF annonce (www.rsf.org/article.php3?id_article=13647) : les vingt-deux journalistes tués pendant la guerre au Kosovo en 1999, dont les seize employés de la radiotélévision serbe morts dans le bombardement de leurs locaux par des avions de l'OTAN, ne sont pas pris en compte... »[44] Plus tard, voulant vérifier la pertinence du lien sur le site de RSF, j'eus la surprise de tomber sur une page blanche. En essayant par d'autres voies, j'eus la seconde surprise de constater que le document était introuvable. S'agissant du bombardement du siège de cette radiotélévision européenne, on trouve par contre sur le site de RSF et en plusieurs endroits, un article postérieur intitulé « Chronique d'un martyre annoncé » dans lequel l'ONG susurre que les autorités ayant été dûment prévenues du bombardement, c'est exprès qu'elle ont laissé le personnel sur place. Dame ! La véracité du carnage n'étant plus camouflable, l'ampleur des dégâts étant constatée, il ne restait, pour blanchir le tireur, qu'à accuser la partie adverse d'imprudence ou de machiavélisme. Toujours est-il que, n'ayant pas pris la précaution d'enregistrer la page du site de RSF dont je voulais parler ici, je me mis à douter de mon information sur l'escamotage des seize morts dans le rapport annuel de l'ONG. Avais-je vraiment lu ce que j'avais noté ? Or, en recherchant ma source, je pus constater que d'autres que moi avaient été pareillement surpris :

1) *La médaille (dorée) a son revers (sanglant) : quand l'Occident, donc la Liberté, bombarde et tue des journalistes, RSF préfère regarder ailleurs, plus doué pour compter ses euros que les cadavres de «nos» ennemis. C'est ce qui semble s'être passé en avril 1999 : l'aviation atlantique avait bombardé le site de la radio-télévision serbe, tuant seize personnes. Au nombre des victimes, plusieurs journalistes ou assimilés. Cependant, au printemps 2000, quand RSF publia son célèbre rapport annuel sur le nombre des journalistes tués pendant les douze mois précédents, l'organisation «oublia» de compter ces victimes-là. L'eut-elle fait, elle aurait dû reconnaître qu'en 1999 le principal assassin de journalistes avait été... l'OTAN.* [45]

2) *Reporters sans frontières n'a pas cru bon de comptabiliser ces victimes dans son bilan 1999, alors même qu'elle avait dénoncé l'attaque de la télévision belgradoise. Et, pas plus que les journaux français, RSF ne précisa que l'OTAN avait tué à elle seule 25 % des journalistes morts en exercice, devenant ainsi le principal assassin de la profession en 1999.* [46]

3) *En avril 1999, durant la guerre du Kosovo, l'OTAN a bombardé une radiotélévision serbe et seize personnes ont perdu la vie parmi lesquelles plus d'une dizaine de journalistes. En 2000, quand RSF publie son rapport annuel, ces victimes ne furent pas comptabilisées. On comprend tout de suite quand l'on sait que la Commission européenne subventionne RSF à hauteur de 44 %.* [47]

L'hallucination pouvait-elle être collective ? Quoi qu'il en soit, le 28 décembre 1999, huit mois après la tragédie, RSF publiait un communiqué de presse en « Diffusion immédiate », intitulé « Bilan 1999. Près de deux fois plus de journalistes tués qu'en 1998, 446 journalistes interpellés ». On peut y lire : « [...] Vingt-huit professionnels de l'information ont ainsi trouvé la mort dans des zones en guerre ou de conflits : Sierra Leone (10), RF Yougoslavie (6), Colombie (6), Tchétchénie (3), Timor oriental (2) et Liban (1). »[48] Les six morts en Yougoslavie sont les trois Chinois et d'autres victimes de violence hors de l'attaque de la RTS. Le bombardement gênant avec ses seize morts est bien escamoté.

Bien que ma religion soit faite sur ce point, il me sembla utile de me procurer le rapport disparu, afin de bien convaincre mon lecteur sceptique. Quoi de plus normal que de me tourner vers RSF ? C'est ce que j'ai fait à deux reprises en profitant de l'occasion pour poser quelques autres questions qui fâchent. Portons au crédit de RSF que les réponses ont été rapides. Mais incomplètes et dilatoires, hélas ! Impossible d'obtenir ce précieux rapport...[49]

V

RSF dissuade un otage torturé par l'armée US de porter plainte

Au mois de décembre 2004, Mohammed Al Joundi, accompagnateur syrien des journalistes Christian Chesnot et Georges Malbrunot, les ex-otages français en Irak, a renoncé à déposer une plainte contre l'armée US pour mauvais traitements. Le secrétaire général de Reporters sans frontières, Robert Ménard avait su l'en dissuader en déclarant à Radio France : « Ce n'est pas une bonne idée. Ce serait contre-productif. Je comprends M. Al Joundi, mais attendons qu'ils [les journalistes] soient libérés... »[50] Autres propos similaires de Robert Ménard : « Je comprends l'exaspération de Mohamed Al-Joundi, mais je pense que c'est inopportun de déposer plainte, car ça ne peut que compliquer les choses, entre les autorités françaises et américaines, pour la libération de Georges Malbrunot et de Christian Chesnot »[51]. Admettons. Même si l'on n'ose croire que l'irritation possible des états-uniens risquait d'empêcher l'heureuse issue. Ce sont des grands amis de la France, sauf erreur, et ils n'étaient nullement impliqués dans cette séquestration. Donc, Mohammed Al Joundi, retrouvé le 12 novembre 2004 par les militaires US et libéré le 17, a attendu le 4 janvier 2005 pour porter plainte à Paris contre l'armée états-unienne pour « mauvais traitements, tortures et menaces. » Son avocat, Maître Vergès, raconte ce que son client a subi pendant six jours : « Découvert dans une maison abandonnée, il était à moitié nu, les pieds nus, on l'a conduit, menotté de force, dans un cantonnement où il a été passé à tabac, à coups de bottes. Il a expliqué qu'il était syrien, réfugié en Irak. Puis il a été conduit en deux lieux différents, dont l'un dans la banlieue de Fallouja, où il a été interrogé à genoux. On lui demandait les adresses des personnes qui l'avaient enlevé et de celles qui l'avaient aidé. Ils l'ont menacé d'un pistolet. Il y a eu trois simulacres de mise à mort, le pistolet sur la tempe. À la fin, ce sont des civils qui l'ont interrogé, s'amusant à le faire souffrir avec notamment des décharges électriques. On lui a montré des photos de personnes recherchées, il n'en a reconnu aucune. Puis ils ont voulu le ramener à la maison où il avait été trouvé, mais ils ont renoncé à cause des combats. C'est alors qu'ils l'ont laissé partir. »[52]

Bref, tandis que la France entière s'inquiétait pour lui et ses compagnons, les États-uniens l'ont gardé pendant des jours, torturé, puis lâché dans la rue, en plein couvre-feu, le mettant en danger de mort. Mort qui aurait privé les autorités françaises d'informations peut-être précieuses. Du coup, ce comportement des Forces d'occupation s'avérait attentatoire à la vie de nos deux compatriotes, un frein possible à leur libération. Comment ne pas déplorer cette attitude, inamicale envers la France et dangereuse pour les journalistes ? Et pourquoi Robert Ménard, qui a su convaincre l'otage syrien de ne pas porter plainte trop tôt, qui a oublié ensuite de l'encourager à le faire au moment opportun, n'a-t-il pas publié un communiqué adapté, du genre : « Porter plainte est une bonne idée. Ce serait opportun. Je comprends que M. Al Joundi ait attendu, mais maintenant que les otages sont libérés… » Mieux : ne faudrait-il pas que Robert Ménard, au nom de son association, exige des comptes de l'*US Army* pour avoir ainsi mis en danger le compagnon de captivité des deux otages, c'est-à-dire un témoin capital, porteur d'informations précises sur les ravisseurs ? C'est probablement ce que ferait une ONG aux liens distendus avec les USA mais collant à sa mission humanitaire. Reporters sans frontières n'a pas bougé.

VI
La double disparition d'un journaliste français

Le 24 mars 2005, Fabienne Nérac répondait aux questions des internautes dans un forum du *Nouvel Observateur*[53]. Son mari, Frédéric Nérac, caméraman français de la chaîne de télévision britannique ITN, a disparu le 22 mars 2003 en Irak avec son interprète libanais Hussein Otham. Ils se trouvaient dans un convoi irakien, dans une voiture de presse siglée, au sud de Bassora, près d'Az Zubayr. Des chars des forces de la coalition ont attaqué le convoi.

Recevant, le 19 octobre 2005, la famille de Frédéric Nérac, le ministre des Affaires étrangères, Philippe Douste-Blazy, lui a indiqué que les conclusions d'une expertise menée par ses services avec ceux du ministère de la Défense «laissent penser que Frédéric Nérac serait décédé à bord d'un véhicule irakien au cours d'un échange de tirs survenu entre des Irakiens et des soldats américains». Son corps n'a jamais été retrouvé et les circonstances exactes de sa disparition restent un mystère.

Fabienne Nérac n'a cessé de se battre et de remuer des montagnes pour savoir ce qu'il est advenu de son mari. Elle a obtenu, via RSF – « Ils ont été actifs la première année » dit-elle –, le résultat de l'enquête faite par les États-uniens : « Elle tend a expliquer pourquoi les *Marines* ont tiré : parce que les voitures arrivaient trop vite et ils se sentaient en danger. Et ils disent tous qu'ils n'ont pas vu Fred ». Fabienne Nérac ajoute : « Après avoir tiré, les *Marines* ne sont pas allés voir s'il y avait des morts et des blessés. Ils ont même refusé à des journalistes US "embarqués" d'aller voir en les menaçant de ne plus les protéger s'ils y allaient. Les journalistes étaient là, ont vu que c'étaient des voitures de confrères et ils n'ont rien pu faire. Ils en étaient malades. L'un d'eux, du *Wall Street Journal*, a fait un article en première page le 3 mai 2003 pour dénoncer cette attitude ignoble et il a écrit que tant qu'il vivrait il détesterait ce sergent qui l'a bloqué et qu'il ne se sentirait mieux qu'à sa mort. »

Au cours du forum, plusieurs internautes se sont désolés de la faible médiatisation du cas du disparu et ont interrogé Fabienne Nérac sur le soutien qu'elle a obtenu de RSF.

– Internaute : *Je suis scandalisé par le manque de soutien, notamment de la part de RSF, pour la médiatisation de votre cause dès la disparition de votre époux. Je crois que RSF pense surtout à médiatiser son porte-parole.*

– Fabienne Nérac : *Je reconnais que RSF m'a soutenue au début quand la disparition de mon mari était récente puis m'a beaucoup abandonné dès les premiers otages* [Fabienne Nérac indique ici que le sort de Florence Aubenas et Hussein Hanoun enlevés le 5 janvier 2005 par des Irakiens a estompé chez RSF celui de Frédéric Nérac et Hussein Otham, disparus dans une action gérée par les forces de la coalition.] *Je suis déçue car je pensais que RSF défendait tout le monde de la même manière. Maintenant, je devrais aussi me battre avec eux [contre ?] mais j'ai mieux à faire pour mon mari.*

– Internaute : *Il y avait aujourd'hui (24 mars 2005) sur le parvis des Droits de l'Homme, place du Trocadéro, une réunion de tous les anciens otages français pour la lecture d'une déclaration commune demandant la libération de Florence et Hussein. Avez-vous été invitée par RSF afin de participer à de cette réunion ?*

– Fabienne Nérac : *Pas le moins du monde, ni invitée non plus au Parlement européen à Bruxelles le 22 Mars, ni invitée à l'action de l'Olympia. Je m'y suis invitée en hurlant sur RSF.*

– Internaute : *Certaines villes de France vous soutiennent dans votre campagne d'affichage. Pourquoi toutes ne font pas de même ? N'y a-t-il pas deux poids deux mesures ?*

– Fabienne Nérac : *Si, si c'est exactement cela, deux poids deux mesures : RSF ou Libé contactent les mairies et ne parlent que de Florence et Hussein.*

– Internaute : *Finalement, en voulez-vous aux médias ?*

– Fabienne Nérac : *Non j'en veux surtout à RSF.*

On la comprend. On comprend moins que, les forces armées de George.W. Bush et de Tony Blair ayant mitraillé délibérément une voiture de presse (journalistes non «*embedded*»), ayant interdit aux journalistes «*embedded*» témoins d'aller porter secours à leurs confrères, ces derniers ayant ensuite disparus, une ONG chargée de défendre les journalistes se contente de l'enquête menée par les tireurs. Ne doutons pas cependant que, excipant de quelques déclarations et gesticulations, RSF viendra tenter d'infirmer la réalité de son changement de cap constatée par la propre épouse d'une victime des forces coalisées.

Vers la fin du mois de mai 2005, sollicité par France Culture, j'ai enregistré une déclaration de solidarité envers Florence Aubenas et Hussein Hanoun. Je l'ai fait volontiers. Quoi de plus normal ? Cependant, j'avais conscience de participer à la confection d'une affiche dont le bandeau supérieur était occupé par trois lettres : RSF. Robert Ménard en effet avait bien mesuré le bénéfice à associer le sigle de son organisation au visage d'une jeune et jolie victime. À tout dire, j'étais également un peu agacé par le compassionnel dégoulinant autour de cette affaire, par le rétrécissement concomitant de la place accordée à l'analyse de l'évolution de la guerre et de ses enjeux. J'ai donc commencé par dire que l'enlèvement d'une journaliste n'était pas plus condamnable que celui d'un chauffeur, d'un guide, d'un interprète ou de quiconque. J'affirmais que le fait que l'otage soit une compatriote n'est pas primordial, mais qu'il était inacceptable qu'on emprisonne, menace, réduise au silence au nom d'intérêts privés ou d'une cause – qui, si elle est juste, est ternie par le procédé – des hommes et des femmes qui n'ont commis aucun délit. J'exprimais ma sympathie pour les familles des otages qui subissaient l'injuste châtiment de l'angoisse. Puis je me disais sûr que la libération de Florence et de Hussein serait douce à chacun, y compris au peuple irakien qui a besoin qu'on l'aime. Je concluais ainsi : « Nous sommes dans l'attente d'un geste qui nous y aidera ». L'enregistrement terminé, j'estimais m'en être bien tiré. J'avais glissé un mot pour le peuple irakien et je m'étais démarqué d'un discours dominant purement émotionnel, trop corporatiste et franchouillard. Erreur ! Comme tout un chacun, j'avais été mis en condition par RSF au fil des mois. Je parlais uniquement pour deux otages choisis par les médias, mon propos était lacunaire. J'avais oublié qu'il est des exactions surmédiatisées et d'autres, commises par des croisés du *« monde libre »* pour lesquelles il n'est pas d'usage de lancer d'assourdissantes campagnes de presse et de déployer des banderoles géantes au cœur de Paris et des autres grandes villes françaises. Deux jours avant la date prévue pour le passage de mon texte à l'antenne, Florence Aubenas et Hussein Hanoun étaient libérés. J'ai plusieurs raisons de m'en réjouir. L'une est commune à tout un chacun et en premier lieu aux otages. L'autre, plus personnelle, est que mon texte, qui ne soufflait mot de Frédéric Nérac et Hussein Otham, n'ait jamais été diffusé.

VII
RSF et les tirs US contre l'otage italienne

Nous avons dit que la plupart des figures historiques des actions clandestines de la CIA ont siégé un jour ou l'autre au Conseil d'administration ou à la direction de la NED, dont John Negroponte, aujourd'hui directeur de l'ensemble des services de renseignements des USA – il a fait nommer son ancien bras droit, le général Michel Hayden au poste de chef de la CIA[54]. Negroponte était ambassadeur en Irak quand la journaliste italienne Giuliana Sgrena fut prise en otage et libérée, dans des conditions dramatiques, le 4 mars 2004 après un mois de captivité. Elle « a été blessée par des tirs américains visant à l'éliminer avant son évacuation », a accusé son compagnon Pier Scolari. L'agent des services spéciaux italiens qui la ramenait à Rome a été tué à ses côtés dans la voiture prise sous le feu des forces US à proximité de l'aéroport de Bagdad.

Comment savoir s'il s'agit d'une bavure, d'un accident, d'une erreur, d'un dérapage – pour reprendre les mots qu'on a pu lire dans la presse – ou d'une agression délibérée, d'une tentative d'assassinat – mots qui ont aussi été imprimés ? Le mieux, pour approcher une vérité que nous ne connaissons pas, est peut-être d'appliquer les méthodes éprouvées en regardant à qui profite le crime et en écoutant les témoins directs oculaires.

1. À qui profite le crime ? Giuliana Sgrena est la fille d'un ancien résistant italien, une ex-militante d'extrême gauche. Engagée contre la guerre, journaliste à *Il Manifesto*, elle est une spécialiste de l'Irak et du monde arabe, elle est l'auteur d'un livre sur (contre) la guerre en Irak, elle a écrit un reportage sur le calvaire d'une Irakienne détenue à Abou Ghraib, elle préparait un reportage sur la prise de Falloujah et elle aurait recueilli, disait-on, des informations sur l'expérimentation d'armes interdites pendant le siège de la ville.

Le 8 novembre 2005, *Il Manifesto* a d'ailleurs publié un article où Giuliana Sgrena prouvait l'utilisation par l'armée d'occupation d'une arme terrible à Falloujah : le « *phosphore blanc* » – qui carbonise les populations en épargnant les bâtiments et qui laisse intacts les vêtements des victimes. La journaliste a ensuite écrit un livre sous le titre *Fueco amico* (« Feu ami »). Elle y parle de l'usage d'armes interdites. Ce sont ces informations qu'elle rapportait quand elle a été mitraillée.

2. Que disent les témoins oculaires ? Le premier, le principal témoin est Giuliana Sgrena. Écoutons-la : « Les ravisseurs m'ont dit : "Les Américains ne veulent pas que vous rentriez vivante en Italie." [...] Notre voiture roulait à 40 Km/h, un véhicule blindé nous a aveuglé avec un projecteur et a ouvert le feu sans sommation. 300 à 400 projectiles ont été tirés. » Du côté des tireurs, c'est : « Nous ne savions pas, la voiture roulait à vive allure et elle n'a pas répondu aux sommations. » Des commentateurs puisant aux mêmes sources ont invoqués la peur éprouvée par de jeunes soldats. Véhicules trop rapides, soldats apeurés ? C'est la même version que celle

qui prétendait justifier les tirs contre le journaliste français François Nérac. Alors, bavure, tentative d'assassinat? Aux États-Unis, le Pentagone affirme qu'une enquête sera ouverte sur cet « incident » que la Maison Blanche qualifie d'« accident horrible ».

En Italie, Giuliana Sgrena penche plutôt pour un guet-apens. Son compagnon parle « d'attaque délibérée ». Le garde des Sceaux italien a adressé une commission rogatoire à Washington pour « homicide et tentative d'homicide ». Selon le quotidien italien *Corriere della Sera*, le commandement militaire états-unien en Irak a empêché par la suite deux policiers italiens d'examiner le véhicule mitraillé. Les enquêteurs souhaitaient analyser les impacts de balles et d'autres éléments. *La Repubblica* nous apprend que « les GI's qui ont tué à Bagdad l'agent italien Nicola Calipari, alors qu'il évacuait l'otage Giuliana Sgrena après sa libération, étaient chargés d'assurer la protection de John Negroponte, super-patron des services états-uniens ». On n'imagine pas que l'ambassadeur des États-Unis en Irak – la plus grande ambassade US au monde – était protégé par des novices inexpérimentés et effrayés. Surtout si l'on sait que cet homme a été un haut responsable de la CIA et de la NED. Mais voyons le traitement médiatique du mitraillage subi par Giuliana Sgrena. RSF déplore cette « intervention », cette « bavure » aux « conséquences tragiques ». Son communiqué se conclut par un paragraphe où la parole est offerte, sans la moindre réserve, à l'État-major états-unien qui nous apprend que « la procédure a été respectée » et qu'il y a eu « une mise en garde du convoi ». RSF exige – sans grande chance de l'obtenir, nous dit *Libération* – une enquête de l'ONU sur la *« bavure »*. L'affaire est donc entendue : ils ne l'ont pas fait exprès. Et puis, il faut bien s'étonner ici de la mise en doute, par RSF, organisation chargée de défendre les journalistes – et non les militaires –, du témoignage du principal témoin, une journaliste professionnelle à qui il eût d'ailleurs fallu donner la parole, autant et en même temps qu'à ceux qui l'ont visée.

Pour bien prouver qu'elle est une ONG et non un des bras médiatiques de l'*US Army*, RSF n'aurait-elle pas dû reprendre, dans son communiqué, les propos de Giuliana Sgrena en leur accordant au moins la même place qu'à ceux des militaires ? Nous raconterons plus loin comment, dès lors que des journalistes apportent des informations hostiles à des gouvernements abhorrés par les États-Unis, RSF les répercute sans trop de scrupules, voire les sollicite et, selon des témoignages jamais démentis, prétend même en orienter le contenu. Par contre, nous voyons ici que, si ces informations peuvent nuire aux intérêts de l'Empire, à ses actions guerrières, RSF les rétrécit illico en « *bavures* » et propose l'ouverture d'une hypothétique enquête pour s'assurer que la journaliste – c'est-à-dire le grand reporter, le professionnel reconnu jusque là, le témoin, la victime – ne ment pas. La parole de cette femme, dont personne dans les médias n'aurait songé à contester les reportages de guerre, devient suspecte – alors même qu'elle était aux premières loges et que son sauveur est mort sur son épaule – dès qu'elle met en cause l'armée des États-Unis. Et s'il fallait une contre-expertise, pourquoi se tourner vers l'ONU ? L'établissement de la vérité sur la guerre n'est-il pas du ressort des médias ? Pourquoi ne pas confier cette tâche à un groupe de journalistes ? Pourquoi RSF, qui dispose d'un budget considérable *pour défendre les reporters*, ne finance-t-elle pas cette étude comme elle rétribue celles des journalistes qui écrivent contre leur gouvernement dans des pays pauvres ? Charger l'ONU d'instruire le dossier apparaît comme une manière de botter en touche. L'inviter à s'enquérir sur les causes d'une «*bavure*» revient à lui suggérer le rapport final.

VIII
Deux meurtres et un mensonge

Le 8 avril 2003, un tir de l'armée états-unienne sur l'hôtel Palestine à Bagdad, lieu où résidaient des dizaines des reporters couvrant la guerre provoque la mort de deux journalistes (Taras Protsyuk de l'agence britannique Reuters et José Couso de la télévision espagnole Telecinco) alors que le monde entier savait que cet hôtel était le Q.G. des journalistes non «*embedded*».

Le jour même, le Syndicat National des Journalistes (SNJ) publiait un communiqué approuvant la démarche de la Fédération Internationale des Journalistes (FIJ) qui demandait une enquête indépendante pour faire toute la lumière sur ces attaques par les troupes états-uniennes. On y lisait: «La FIJ qualifiait de "crime de guerre" l'attaque de ce jour contre l'hôtel Palestine, dans lequel la plupart des journalistes internationaux résident à Bagdad. Il en est de même avec la destruction des locaux d'Al-Jazira et ceux de la télévision d'Abu Dhabi, ainsi que la canonnade du véhicule de l'équipe d'ITN, le 22 mars dernier. Au moins treize journalistes ont, à ce jour, perdu la vie au cours de ce conflit. Les journalistes ne sont pas des combattants et ne doivent pas être pris pour cible. Pas plus qu'ils ne doivent être manipulés ou utilisés comme "boucliers humains" par les autorités des pays en guerre. » Le 15 janvier 2004, RSF revient sur le drame dans un communiqué[55] où elle acquitte les militaires tireurs : RSF prétend qu'ils ignoraient qui se trouvait dans l'hôtel Palestine et elle regrette « cette erreur criminelle », cette « bavure » ou « erreur de jugement » qui constitue « l'élément essentiel à l'origine du drame. » « L'enquête de Reporters sans frontières établit que les militaires sur le terrain n'ont jamais été informés de la présence massive de journalistes dans l'hôtel Palestine. » Il ne s'agit donc pas d'un un « tir délibéré ». « Au niveau inférieur, le capitaine Philip Wolford et le sergent Shawn Gibson ont réagi en militaires agressifs sur le champ de bataille [mais] ils ne semblent pas devoir [...] être tenus pour responsables étant donné qu'ils ne disposaient pas des informations qui leur auraient permis de prendre conscience des conséquences du tir sur l'hôtel Palestine. Leurs supérieurs immédiats [...] le lieutenant-colonel Philip Decamp, chef de bataillon, et le colonel David Perkins, chef de brigade ne semblent également pas devoir être tenus pour responsables. » CQFD. Laissons donc la FIJ et le SNJ parler de « crimes de guerre ». Qui les écoute quand les micros sont dirigés vers RSF ? Et RSF de s'interroger : « La question est de savoir pourquoi cette information a été retenue. Volontairement, par mépris, ou par négligence ? » Après avoir posé cette vraie question, et comme effrayée de son audace, elle s'empresse d'écarter les deux premières hypothèses : « Il s'agit [...] d'une négligence criminelle » suivie – car les états-uniens n'ont pas tout dit sur les « négligences » – d'un « mensonge par omission. » Puis, RSF publie les états de services flatteurs, fournis par l'*US Army*, semble-t-il, de ces braves militaires, héros au cœur au tendre. Mais, quatre ans plus tard, c'est la tuile. La justice s'abat sur les anges en uniforme. Voici comment RSF en rend compte: « Le 16 janvier 2007, le juge madrilène Santiago Pedraz a émis un mandat d'arrêt international à l'encontre de trois militaires américains, pour l'« assassinat» de José Couso, cameraman de la chaîne privée Telecinco, tué le 8 avril 2003 dans l'attaque de l'hôtel Palestine de Bagdad. Cette mesure concerne le sergent Thomas Gibson, le capitaine Philip Wolford et le lieutenant-colonel Philip de Camp. »[56] Les trois militaires acquittés par RSF en 2004 ! Passons sur l'obstination de RSF à apposer des guillemets à « assassinat ». Le fait important est que la Justice lance en 2007 un mandat d'arrêt international contre trois militaires états-uniens que RSF s'était empressé de blanchir en 2004. Le traitement de cette affaire par RSF s'est avéré dès le début à ce point partial que la famille d'une des victimes, le caméraman espagnol José Couso, est révoltée. Elle lui a demandé « de se retirer du dossier ». En mai 2006, figurait sur son site le message suivant émis le 15 janvier 2004 :

La famille Couso, au vu du rapport publié par Reporters sans frontières, « Deux assassinats pour un mensonge », souhaite manifester ce qui suit :

Les conclusions de ce rapport exonèrent les auteurs matériels et reconnus du tir sur l'hôtel Palestine en se basant sur la douteuse impartialité des personnes impliquées, et sur le propre témoignage des auteurs et responsables du tir, rejetant cette responsabilité sur des personnes non identifiées.

La réalisation du rapport a été signée par un journaliste, Jean-Paul Mari, qui entretient des relations notoires avec le colonel Philip de Camp, militaire qui a reconnu son implication dans l'attaque et la mort des journalistes de l'hôtel Palestine, de plus, son rapport s'appuie sur les témoignages de trois journalistes très proches des forces nord-américaines, tous états-uniens, dont l'un d'eux – Chris Tomlinson – a été membre des services de renseignements de l'armée des États-Unis durant plus de sept ans. Aucun des journalistes espagnols qui se trouvaient dans l'hôtel n'a été consulté pour l'élaboration de ce document.

Le rapport contient de nombreuses erreurs, contradictions et irrégularités en ce qui concerne des données importantes comme la situation des chambres de l'hôtel, le lieu de l'impact du tir, le lieu de présence des témoins, etc.

Il nous semble, de plus, que la biographie si «humaine» faite d'un des assassins de José Couso Permuy et de Taras Protsyuk constitue un manque absolu de délicatesse, poussant l'offense jusqu'à remercier ces militaires nord-américains pour leur collaboration au rapport.

Reporters sans frontières – Section espagnole – a souhaité se porter partie civile dans la plainte déposée par la famille le 27 mai 2003 contre les responsables de la mort de José Couso. Au vu de la publication de ce rapport qui, selon votre version, les exonère de toute responsabilité dans l'assassinat des journalistes de l'hôtel Palestine, la présence de votre organisation [...] au procès est absolument incohérente et contradictoire.

Pour cette raison, nous vous exprimons le désir de la famille que vous retiriez votre demande de présence au procès...[57]

Le camouflet n'empêchera pas RSF d'annoncer un mois plus tard, le 18 février 2004, qu'elle s'est jointe à la procédure aux côtés de Lola Jiménez, la veuve du journaliste qui avait expulsé l'ONG avec mépris. Cette attitude de RSF, si manifestement contraire à la sécurité des journalistes, si conciliante envers l'armée des États-Unis – malgré quelques rodomontades, admonestations platoniques qui ressemblent à des diversions sans lesquelles la connivence serait trop visible – représente un réel danger pour la vie de ceux que l'association prétend défendre. Au demeurant, la version soutenue mordicus, et contre toute vraisemblance, par cette organisation n'est pas exactement la version des états-uniens. D'ailleurs, RSF, sauf à censurer ses amis d'outre-Atlantique – ce qui serait un comble – est obligée de rapporter leurs propos, lesquels mettent à mal la thèse fumeuse de l'erreur. Le 28 février 2003, Ari Fleischer, porte-parole de la présidence états-unienne, s'exprimait ainsi sur la presse « non incorporée » : « Si les militaires disent quelque chose, je recommande vivement à tous les journalistes de s'y conformer. [...] Et je pèse mes mots ». Les *« bavures »* étaient annoncées.

Et RSF, frappée d'un éclair de lucidité de remarquer : « Cette position revenait à créer un double statut de journalistes : d'un côté les journalistes *«embedded»* intégrés aux forces américaines qui bénéficient de la considération et de la protection de l'armée américaine, de l'autre des journalistes à qui l'on conseille de quitter les lieux sous peine de voir leur présence ignorée. » Bref, dans le même rapport, RSF tente d'accréditer la version d'une erreur tout en admettant, après les états-uniens, que des « tirs amis » étaient sinon programmés, du moins à redouter. Tant d'incohérences, un tel alignement derrière les actes des USA en tant de circonstances suffisent à convaincre que l'association RSF ne pouvait se réjouir d'une plainte déposée par le compagnon de captivité de Christian Chesnot et de Georges Malbrunot, qu'elle ne s'y associerait en aucune manière. Du coup, on s'interroge : les journalistes de guerre qui tiennent à leur peau peuvent-ils compter sur Robert Ménard ? Quant aux autres, qui écrivent depuis leurs bureaux dans l'Hexagone, ne devraient-ils pas s'inquiéter, en toute confraternité, pour ceux que leur journal envoie au front et réclamer des comptes à RSF dans leurs éditoriaux ? Enfin, les rédacteurs en chef, les responsables des rubriques courrier, débats, rebonds, libre expression, point de vue, ne seraient-ils pas bien avisés de s'empresser d'ouvrir leurs colonnes aux citoyens qui prétendent que l'information nécessite des journalistes vivants et qui s'alarment de la dérive d'une association qui porte – et qui peut-être galvaude – un si beau nom ? Car, derrière les spectaculaires gesticulations humanitaro-publicitaires de Reporters sans frontières, derrière sa capacité à afficher des portraits géants de journalistes, derrière ses montages de campagnes médiatico-émotionnelles puissamment relayées, l'ombre noire de sa proximité avec le plus puissant pays que le monde ait jamais connu enveloppe comme un linceul les corps raidis de journalistes mis en terre avec le droit des populations à connaître la vérité sur les crimes de guerre.

Même le lecteur le moins sagace détectera un grand mystère dans le manque de suspicion de RSF. Quand l'Armée US tire sur le siège de la radiotélévision yougoslave, sur le QG des journalistes à Bagdad, sur les journalistes non incorporés un peu partout, il ne vient pas à l'idée de RSF qu'il s'agit d'attaques délibérées contre la presse. Simples bavures, erreurs, maladresses, défaut d'information. On peut comprendre que, sur les champs de bataille, des bavures se produisent. Mais chaque journaliste tué par l'armée d'occupation a-t-il été victime d'un accident ? À l'évidence, si l'on en croit les témoins des cas que nous venons de citer, cette thèse est insoutenable pour un esprit de bonne foi. Que pas une seule fois l'armée des États-Unis n'ait bombardé par erreur un ministère du pétrole, le siège d'une banque, un gazoduc ou un oléoduc, les locaux de médias amis, une ambassade d'un allié, ne suscite pas la moindre question sur le point commun de toutes les bavures : semblables à des actions volontaires mûrement réfléchies, elles n'affectent jamais les intérêts des États-Unis mais châtient les gêneurs réels ou potentiels.

IX

Tireurs non identifiés ou soldats états-uniens ?

Le 23 avril 2005, deux journalistes ont été abattus en Irak. Par qui ?

Version ARGENPRESS :

Des soldats états-uniens ont tué aujourd'hui un autre cameraman en Irak qui travaillait pour l'agence Associated Press. Le cameraman d'origine irakienne, qui s'appelait Saleh, est mort sur le coup lorsqu'il fut touché par des tirs des soldats du Pentagone qui lui interdisaient de filmer le résultat d'une attaque de la résistance contre un convoi militaire nord-américain, au nord de la ville de Mossoul.[58]

Version de RSF :

Un cameraman tué et un photographe grièvement blessé. Alors que leur voiture se trouvait à proximité de la place Al-Yarmook, de tireurs non identifiés ont ouvert le feu. Les deux collaborateurs d'Associated Press, tous deux d'origine irakienne, ont été grièvement blessés. Leur collègue les a immédiatement conduits à l'hôpital Al-Jumhouri de Mossoul mais Saleh Ibrahim, atteint de trois balles dans la poitrine, est décédé peu de temps après son admission.[59]

X
Ils ont tous été tués par l'armée américaine

Novembre 2004. Le directeur des opérations pour l'information de l'agence Reuters au Portugal a rendu les États-Unis responsables de la mort de trois de ses professionnels en Irak. « Ils ont tous été tués par l'armée américaine », a-t-il déclaré.

Selon l'armée états-unienne, le cameraman Najim travaillant pour Reuters est mort le 1er novembre 2004 dans des échanges de tirs entre les *Marines* états-uniens et des insurgés. Mais ses collègues et sa famille estiment qu'il a été atteint par un tireur d'élite états-unien après la fin des combats. Un autre preneur d'images de Reuters, Taras Protsyuk, a été tué en avril 2003 lorsqu'un char états-unien a ouvert le feu sur l'hôtel Palestine à Bagdad. En octobre 2003, le cameraman de Reuters, Mazin Dana, a été tué par des soldats états-uniens alors qu'il filmait à l'extérieur de la prison Abou Ghraib de Bagdad. En conséquence, Reuters rend les USA responsables de la mort de ses professionnels en Irak.

À cette date, selon la Fédération Internationale des Journalistes, soixante-deux journalistes sont morts en Irak depuis le début de l'intervention états-unienne. Enfin, RSF lâche cet aveu : « L'Irak reste le pays le plus dangereux au monde pour les journalistes. » Sur France Inter, Robert Ménard répondait ainsi à une question relative aux journalistes tués en Irak par l'armée US : « Je ne dis pas qu'ils les tuent exprès, je n'en sais rien. »[60] Aujourd'hui, tout le monde sait, sauf lui.

XI
Le journaliste persécuté et oublié

Invité le 8 juillet 2003 à une table ronde à l'Université d'été de l'Escorial, l'hispano-syrien Tayssir Alouni, journaliste vedette de la chaîne de télévision qatarie Al-Jazira (et également traducteur à l'agence espagnole EFE) avait affirmé que la mort de plusieurs journalistes occidentaux en Irak, répondait à la volonté des États-Unis « d'éliminer des témoins ». Sa dernière mésaventure montre que si l'assassinat échoue, on peut compter sur la Justice d'un pays membre des forces de la coalition.

Bête noire du Pentagone en raison de ses reportages sur la guerre et sur ses ravages parmi la population civile, Tayssir Alouni a échappé plusieurs fois à la mort. Son bureau en Afghanistan fut « accidentellement » bombardé par l'*US Air Force*. En Irak, son bureau de Bagdad fut encore « accidentellement » bombardé : un de ses collaborateurs fut tué. Le bureau de ses confrères d'Abu Dhabi TV où il se réfugia fut lui aussi « accidentellement » bombardé. Il crut trouver un asile sûr auprès des autres journalistes logés à l'hôtel Palestine, mais celui-ci, on l'a vu, essuya aussitôt un tir « accidentel » états-unien. Finalement, Alouni a été arrêté le 8 septembre 2003 en Espagne par ordre du juge Baltasar Garzón, sur renseignements fournis au gouvernement du très atlantiste José-Maria Aznar par la CIA qui l'accusait... d'être un militant d'Al-Qaida. Robert Ménard ne bougea pas. Pas plus qu'il n'avait organisé le moindre rassemblement médiatisé pour alerter l'opinion contre les tentatives d'assassinat visant ce correspondant de guerre. Pis, il suggéra, en octobre 2003, dans l'émission « Merci pour l'info » de Canal Plus que le motif de l'arrestation « n'est pas lié à sa qualité de journaliste, mais à sa participation à des activités terroristes. » Pourtant, en mai 2005, dans un spectaculaire revirement, il annonça qu'il rentrait du Qatar où il avait rencontré la rédaction d'Al-Jazira et que RSF serait à Madrid lors de l'ouverture du procès. Le terroriste de 2003 est redevenu journaliste en avril 2005. Pourquoi cette volte-face presque deux ans plus tard ? Parce que, entre la condamnation ménardienne du journaliste et le procès, des protestations sont montées du monde entier, initiées par Aidan White, secrétaire général de la Fédération Internationale des Journalistes, qui avait déclaré, dès l'annonce de l'incarcération : « Au cours des dernières années, une irritation des Occidentaux, particulièrement des États-uniens, s'est exprimée à l'encontre des médias arabes, et particulièrement d'Al-Jazira. Ses bureaux ont été attaqués militairement d'abord en Afghanistan, puis deux fois en Irak. Avec cette arrestation, cela commence à ressembler au développement d'une chasse internationale aux sorcières ». *In extremis*, RSF fonce faire de la figuration à Madrid pour sauver un lambeau de son masque. Le 21 septembre 2005, Tayssir Alouni été condamné à 7 ans de prison. La sentence a été mollement désapprouvée par RSF qui « exprime sa surprise » et espère que des mesures seront prises « afin que la détention du journaliste n'aggrave pas son état de santé». Le journaliste ayant fait appel, RSF «attend avec impatience le nouveau verdict.» Et c'est tout. Comment faire moins sans perdre tout crédit, même aux yeux des gogos ? Sa condamnation est donc «*surprenante*» en septembre 2005 – et pourquoi donc s'il est coupable ? Elle est clémente, au contraire – et il convient de bien le choyer en prison sans pour autant réclamer son élargissement qu'on attend néanmoins «*avec impatience*» sans bouger le petit doigt. Le 1er juin 2006, la sentence est confirmée en appel. RSF se dit prête à soutenir la famille devant le tribunal constitutionnel. Elle publie le lendemain un nouveau communiqué où Al-Qaida et Ben Laden sont cités chacun quatre fois, mais où manque le nom du juge qui est à l'origine de l'affaire. On va comprendre pourquoi : RSF dispose d'une organisation interne, le Réseau Damoclès, chargé d'ester en justice afin de défendre la liberté des journalistes et leur droit à enquêter. En toute logique, Damoclès devrait intervenir. Il ne le fera pas car – voici le scoop – le président d'honneur du Réseau Damoclès est... le juge Baltasar Garzón. Au cours d'un débat au Québec[64] et en présence de Robert Ménard, Khader Sameer, représentant la chaîne Al-Jazira, regrettera l'acharnement du juge Garzón, en révélant qu'il était abusivement passé outre l'avis du procureur qui avait conclu à l'insuffisance des preuves. Ménard était dans ses petits souliers, mais il se garda bien d'avouer qu'il connaissait bien ce juge-là, acharné à emprisonner un journaliste blanchi par le procureur espagnol, mais noirci par la CIA.

XII
Reporters sans frontières est « troublée »

L'*US Army* tue, RSF caquette. Le recueil de ses réactions (platoniques) est mince : l'organisation est « indignée, préoccupée, troublée, consternée, alarmée, scandalisée » devant des « incidents, négligences, maladresses et bavures ». Celui de ses actions l'est autant : RSF suggère à l'armée US ou à l'ONU de faire une enquête. En général, l'enquête interne de l'armée aboutit promptement à l'acquittement avant même que celle de l'ONU ait commencé. RSF la popularise complaisamment, regrette quelques « mensonges par omission » et le dossier est bouclé.

Le 28 août 2005, Walid Khaled, preneur de son de l'agence Reuters – laquelle a payé un lourd tribut à la guerre – était froidement abattu d'une balle dans la tête et de quatre autres dans le corps par un sniper de l'armée US posté sur un toit. Son caméraman a été blessé et arrêté par les militaires. Les deux journalistes étaient munis d'un micro et d'une caméra, outils inoffensifs. Mais leur travail de vérité constituait une action hostile envers les USA. Au demeurant, tous les journalistes du monde avaient été briefés, comme nous l'avons dit, par un officiel états-unien qui *pesait bien ses mots.*

Le 29 août, RSF a demandé à l'État-major de « prendre des mesures sérieuses pour que ce genre de tragédie – et non d'assassinat, notons bien – ne se reproduise plus. » Cette année là, vingt-quatre journalistes vont perdre la vie en Irak occupé. Ne fallait-il pas poser cette exigence plus tôt ? Et si cela a déjà été fait – vainement –, pourquoi ne pas avoir essayé autre chose ?

Une question doit être posée à cette ONG chargée de protéger les journalistes et leur liberté d'informer : pourquoi ne les défend-elle pas concrètement en menant elle-même des enquêtes sur les exactions subies ? Encore une fois, investiguer, est plus le rôle d'une organisation de journalistes que de l'armée US – dont le travail est de tuer – ou de l'ONU – chargée de gérer les relations interétatiques.

On a déjà vu RSF s'y employer : mission d'enquête en Algérie, avec Robert Ménard en tête, enquête sur la situation au Népal, enquêtes à Cuba avec recrutement d'un journaliste sur place[62], enquête au Venezuela où les correspondants de RSF ont su nous « informer » sur le putsch de 2002, enquête même sur le fonctionnement de la Commission des Droits de l'Homme de l'ONU (!!!), etc. S'agissant de l'assassinat du journaliste congolais Franck Ngycke Kangundu, Robert Ménard a fait le voyage à Kinshasa (7 mars 2006) où il a rencontré le Chef de l'État. Le 14 février, RSF avait publié un communiqué : « Nous exhortons la communauté internationale, qui supervise le processus de transition, à prendre JED (Journalistes En Danger) et les témoins de l'assassinat sous sa protection et à s'associer à notre voix [sic] pour exiger la constitution rapide d'une commission d'enquête indépendante, à laquelle nous sommes prêts à participer. » Par courte parenthèse, réjouissons-nous que RSF ne prétende pas défendre aussi les Belles Lettres. En effet, contrairement à ce qu'elle écrit maladroitement, il faut lire qu'elle exhorte la communauté internationale à prendre « sous sa protection les témoins de l'assassinat » et non pas « les témoins de l'assassinat sous sa protection », la communauté internationale n'ayant aucunement protégé ce méfait. Mais laissons. L'important est que RSF ne se dégage pas, ici, sur l'ONU pour ouvrir une enquête. Elle veut s'y associer et elle est allée le dire au chef de l'État. À partir de combien de morts sous les tirs états-uniens Robert Ménard exigera-t-il d'être reçu par Bush, pas pour obtenir une rallonge en dollars, par Dieu ! mais pour faire cesser le carnage ? Pour enquêter, RSF dispose de moyens financiers, humains, juridiques. On nous dira qu'elle a vécu en la matière une expérience malheureuse avec José Couso, tué dans son hôtel à Bagdad par un obus US.

Curieusement, le 29 août 2005, soit le lendemain même de l'assassinat de Walid Khaled, RSF choisit plutôt d'écrire à Tony Blair, alors président de l'Europe et va-t-en-guerre de la coalition, pour l'alerter sur le sort de journalistes... cubains. N'aurait-elle pas dû aussi, dans le même courrier, exiger des sanctions de l'Europe contre le pays qui a tué le plus de journalistes dans le monde ces dernières années. Et Blair aurait pu être pressé par RSF d'intervenir auprès de son allié pour qu'il libère un autre caméraman de Reuters emprisonné dans la sinistre prison d'Abou Ghraib. Ainsi auraient été complètement désorientés les sectaires qui couinent : « RSF, CIA, *US Army*, même combat ! »

XIII
Forme passive et cécité

Quiconque aura l'idée de fréquenter le site Internet de RSF risque en effet d'y voir comme l'expression d'une trop grande complaisance envers l'armée de Bush. Arrêtons-nous sur sa première page du 3 mai 2005 : « Guerre en Irak. Le conflit le plus meurtrier pour la presse depuis la guerre du Viêt-nam. 66 journalistes et collaborateurs des médias tués, 29 enlevés. L'Irak est aujourd'hui le pays le plus dangereux du monde pour les journalistes. La guerre en Irak est le conflit interétatique le plus meurtrier pour les journalistes depuis la guerre du Viêt-nam. 63 journalistes avaient alors été tués, mais sur une période de vingt ans s'étalant de 1955 à 1975. Au cours du conflit en ex-Yougoslavie, entre 1991 et 1995, 49 professionnels des médias avaient trouvé la mort dans l'exercice de leur profession. »[63] Dans un document plus tardif, portant sur trois années de guerre (mars 2003 à mars 2006) et intitulé « L'hécatombe irakienne », RSF revoit les chiffres à la hausse : « 86 journalistes et collaborateurs des médias tués, 38 enlevés. »

Chacun sait que, si les journalistes meurent en grand nombre en Irak depuis 2003, c'est parce qu'une invasion armée les y a attirés et, pour une part, parce que les forces d'occupation ont la gâchette facile dans l'impunité totale. Mais, à ce stade, l'article de RSF évite de situer les responsabilités. Le mot « Américains » n'est pas imprimé et cet exploit journalistique est réalisable par l'usage de la forme passive dans la construction des phrases : « avaient été tués », « avaient trouvé la mort ». Ce subterfuge dévoilé, le lecteur peut se régaler à observer la troncature systématique de l'information dans le reste du rapport, celui-ci ne disant pas qui tue les journalistes : « En Irak, la violence à l'égard de la presse s'est exercée dès le premier jour du conflit. Paul Moran, cameraman australien de la chaîne ABC, a été victime d'un attentat dès le 22 mars 2003. Onze journalistes et collaborateurs des médias ont été tués au cours des mois de mars et avril suivants. La situation s'est lentement apaisée ensuite pour se dégrader de nouveau début 2004, au moment de la recrudescence des attentats et des actions de groupes armés présents dans tout le pays. Un nouveau pic a été atteint au mois de mai 2004 pendant lequel neuf représentants de la presse ont été tués. Depuis, quasiment chaque mois, un ou plusieurs journalistes ont été assassinés. Neuf d'entre eux sont tombés dans les premiers mois de 2005. » Suit alors, en page intérieure, un long rapport, illustré de graphiques et d'un tableau qui nous apprend quoi ? : la répartition des morts par âge, sexe, nationalité, lieux, périodes, motifs, média employeur, etc. On croirait lire un rapport de stage d'un prudent étudiant en première année à qui on aurait dit : « Tu seras noté sur ta capacité à éviter de parler des Américains. » Et le rapport se déroule donc en nous frustrant du mot tabou. Si un « fromage » nous révèle que, parmi les journalistes tués, 4 % le sont par un char, 5 % par des missiles, 71 % par des tirs, il nous cache la nationalité des chars, des missiles et des tireurs. Mieux, un commentaire déplore que les journalistes soient « la cible potentielle pour ceux qui cherchent par tous les moyens à déstabiliser la coalition anglo-américaine et les nouvelles autorités irakiennes». Ici, les responsables sont donc clairement désignés: ce sont ceux qui luttent contre l'occupant et contre les collabos. Hélas, les forces US ont dû reconnaître depuis 2003 quelques «bavures». Du coup, RSF ne peut les masquer et, vers la fin de son rapport, nous lisons que, dans 8 cas (14%) «Les forces américaines reconnaissent des "erreurs et dommages accidentels" [...] bavures commises "selon les règles de la guerre", "en état de légitime défense"». Comprenne qui pourra: des erreurs dans les règles! Enfin, «Six familles ont écrit au congrès américain pour demander justice.» La question est: puisque RSF est une association qui «dénonce les violations de la liberté de la presse dans le monde» qui «défend les journalistes», qui dispose du réseau Damoclès chargé d'engager des poursuites afin de mettre fin à l'impunité des tueurs de journalistes, va-t-elle entreprendre une action concrète, au moins dans les huit cas reconnus par les USA et dans le soutien des six familles qui réclament justice? Va-t-elle mener une enquête, porter plainte, aider financièrement les familles des victimes pour le procès? Le maître mot de la phrase précédente est «*action*», ce qui est différent de «*déclaration*». Sauf quand elle s'intéresse à des pays du tiers-monde, RSF pédale à vide.

Le 20 mars 2006, RSF nous alerte à nouveau sur «l'hécatombe irakienne»[64]. On cherchera vainement dans la présentation de son étude les mots tabous: «Américains, USA, Bush, invasion, occupation, soldats, fusils, balles». Pour ne pas désigner les coupables, RSF a encore recours à l'astuce qui consiste à utiliser la forme passive. Il faudra attendre la page 6 pour qu'un graphique nous apprenne que, pour 12% des journalistes tués en Irak, la responsabilité en incombe aux forces états-uniennes. Responsabilité, n'est-ce pas, toujours pas la culpabilité. Mais c'est déjà trop accusateur et RSF donne illico la parole au Pentagone qui invoque une fois de plus «des erreurs et dommages accidentels», les militaires agissant «selon les règles de la guerre» et «en état de légitime défense». On a déjà lu ça. Les gentils soldats suréquipés braqués par de méchants micros et des dangereuses caméras, en quelque sorte. C'est tellement cynique, que même RSF doute: ces «explications ne sont pas suffisantes».

Parmi les autres victimes, 53 % ont rencontré des tireurs «non identifiés», nous dit le fromage. Ici, il faut comprendre que, si 12 % des assassinats ne peuvent être niés –et ne le sont pas– par l'armée des envahisseurs qui s'amuse seulement à inventer des excuses fantaisistes, elle n'endosse pas les 53 % où les témoignages ne sont pas irréfutables aux yeux du Pentagone et de RSF. On a vu que, dans plusieurs cas, la presse a identifié les tireurs que RSF qualifie d'inconnus. Il faudra attendre la page 10 (sur 14) pour que soit abordé le cas du journaliste Sami Al-Haj, arrêté en 2001, croupissant à Guantanamo depuis 2002 et dont RSF, après l'avoir longtemps «oublié», mendie la «libération immédiate», revendication excellente et... tardive.

Enfin, le rapport 2006, comme son petit frère de 2005, publie un tableau sur les journalistes tués, auquel ne manque ni leur nationalité, ni le média pour lequel ils travaillaient, ni la date de leur mort. La lacune porte sur les circonstances et la nationalité des tireurs. Allez savoir pourquoi.

Le 27 juillet 2006, sous le titre «Hécatombe irakienne, mars 2003-mars 2006», on pouvait lire sur le site RSF un texte sur l'appartenance des tueurs. Superbe exercice de style par lequel le lecteur apprendra à faire la différence entre des *assassins* –Irakiens et muets– et des *responsables* d'erreurs et d'accidents –états-uniens et bavards: «Dans un tiers des cas, les assassins des journalistes proviennent des rangs des groupes armés qui luttent contre les forces de la coalition et les autorités irakiennes. Mais, dans dix cas (12 %), la responsabilité en incombe aux forces américaines. Dans plusieurs de ces dossiers, les autorités du Pentagone l'ont reconnue et invoqué des erreurs et des dommages accidentels... »[65].

XIV
RSF et le journaliste martyr de Guantanamo

Arrêté en 2001 au Pakistan, le journaliste soudanais Sami Al-Haj est incarcéré à Guantanamo sans que quiconque sache pourquoi.

Le 20 septembre 2002, RSF « demande aux autorités américaines d'apporter dans les meilleurs délais des explications sur l'arrestation en décembre 2001 de Sami Al-Haj. » Dans cet exorde, l'avocat RSF ne pousse pas l'outrecuidance jusqu'à exiger la libération de son client.

Après s'être défendue de « préjuger des motifs pour lesquels le journaliste a été arrêté », RSF répète pas moins de sept fois le nom de « Al-Jazira » dans son simulacre de plaidoirie et termine par cette phrase qui tombe comme un cheveu dans la soupe : « Al-Jazira a diffusé à plusieurs reprises des enregistrements vidéo d'Oussama Ben Laden, chef présumé d'Al-Qaida »[66]. Peut-on imaginer pire péroraison que celle qui dit *de facto* : « Qu'est-ce qu'il vous a fait ce suspect d'Al-Jazira qui fréquentait Ben Laden ? » Et quel travail reste-t-il à l'avocat de l'accusation ?

RSF laisse patiemment passer les années 2003 et 2004 et, n'ayant pas reçu de réponse, repose poliment la question le 27 janvier 2005 : « L'organisation demande aux autorités américaines d'expliquer les motifs de la détention à Guantanamo d'un caméraman d'Al-Jazira, Sami Al-Haj, ou de procéder à sa libération immédiate. » Au passage, notons que, si le rappel systématique du média employeur des otages n'est pas habituellement de mise, s'il est rare qu'on rappelle qui a été interviewé, il en va autrement quand RSF parle de Sami Al-Haj. Et chacun d'en chercher la raison.

Que s'est-il passé entre l'arrestation de Sami Al-Haj et la deuxième question plus pressante mais toujours courtoise de RSF au geôlier ?[67] Peu de choses, en vérité :

1) Quelques dizaines de journalistes on perdu la vie un peu partout dans le monde et principalement quand ils se trouvaient à proximité de soldats de l'armée des USA. Du coup, RSF a redoublé de virulence contre la presse pauvre des pays du tiers-monde.

2) Pendant ce temps, le journaliste de la chaîne de télévision qatarie subissait des tourments variés : torturé pendant de longs mois, obligé de se mettre à genoux à même le sol pendant des heures, harcelé par des chiens, enfermé dans une cage, les cheveux et les poils de sa barbe arrachés un à un par ses bourreaux, régulièrement passé à tabac, privé d'eau pour se laver pendant près de cent jours, le corps couvert de poux, enchaîné et bâillonné avec un sac sur la tête, maintenu éveillé, frappé au moindre endormissement, jeté du haut d'un escalier et se blessant sérieusement à la tête, privé des médicaments pour un cancer de la gorge dont il avait souffert en 1998, il s'est mis en grève de la faim, en attendant sans doute que RSF laisse son flegme au vestiaire quand elle interroge les bourreaux[68].

3) Le malheureux Sami Al-Haj a disparu des rapports annuels 2004 et 2005 dans lesquels RSF liste tous les journalistes emprisonnés dans le monde.

Dans son article déjà cité du 11 mars 2005 dans le *Northern California Media Guild*, la journaliste états-unienne Diana Barahona s'en offusque: «Mais un exemple révélateur sur la manière dont RSF modère ses critiques contre les États-Unis est l'exemple de l'enlèvement du cameraman d'Al-Jazira Sami . Al-Haj a disparu en décembre 2001, lors d'un reportage en Afghanistan, pour se retrouver dans le camp de concentration de Guantanamo, où il est toujours enfermé. Non seulement Al-Haj a physiquement disparu, mais a aussi disparu toute référence à lui sur le site Internet de RSF, où il n'est mentionné qu'une seule fois depuis un communiqué sur Al-Jazira du 27 janvier. Par contraste, RSF lance régulièrement de grandes campagnes pour les journalistes européens enlevés par la résistance irakienne.» Ne soyez pas si sévère, madame. Robert Ménard a envoyé le 31 janvier 2006 une lettre ouverte à la présidence de l'Union européenne. Il l'adjure de reprendre des «démarches diplomatiques en faveur des Droits de l'Homme ...». Il s'inquiète pour des «journalistes» arrêtés qui «vivent dans des conditions de détention intolérables [car] nombre d'entre eux, gravement malades, n'ont pas accès aux soins essentiels.» Il poursuit: «Reporters sans frontières tient à vous faire part de son désarroi et de son indignation». Il appelle l'Union européenne à «une plus grande mobilisation» et «à reconsidérer sérieusement la position de l'UE» et cela, «au nom de la défense de l'universalité et de l'indivisibilité des Droits de l'Homme qui constitue un des principaux objectifs de l'UE [...] Ce principe doit tenir lieu de préalable à toute initiative de dialogue avec les autorités...»[69]

Bien entendu, il ne fait ici aucune allusion inconvenante à Guantanamo, Bagram, Abou Ghraib, ni aux prisons secrètes et externalisées des États-Unis, dont certaines se trouvent sur le sol de l'UE, sous son nez. Le pays visé est encore et toujours: Cuba. Robert Ménard regrette le gel «des sanctions européennes» à l'encontre de l'île. Île à l'égard de laquelle, il ne saurait adopter, il l'a publiquement affirmé[70] et il nous le prouve ici, un comportement «particulier» qui serait dicté par des choix idéologiques dynamisés par des subsides verts du Center for à Free Cuba et de la NED.

Il faudra attendre février 2006 et la diffusion d'un rapport de l'ONU demandant la fermeture du camp de Guantanamo pour que RSF sorte de sa longue léthargie et reparle du journaliste Sami Al-Haj.

Elle le fait mollement, comme on le constate. Pourtant, le journaliste n'a pas été arrêté en vertu de lois établies, aucun grief précis ne lui est fait, il n'a pas bénéficié de procès depuis 2001, il n'est pas enfermé dans une cellule d'une prison US où les lois nationales et internationales garantissent quelques droits aux détenus et interdisent de les soumettre à de mauvais traitements. Sur cette planète, aucun journaliste emprisonné, quel que soit l'endroit où il est retenu, ne voudrait le troquer contre Guantanamo. Sauf peut-être ceux qui endurent le martyr dans les autres bagnes US éparpillés par des avions de la CIA sur le sol de pays complaisants ou plantés dans les territoires conquis. C'est pourquoi on pouvait s'attendre à voir RSF, experte en médiatisation des cas qui l'intéressent, privilégier celui-ci, organiser une campagne internationale, épingler les prédateurs qui tuent ici et qui musèlent là, dans le plus complet arbitraire. La chose aurait été facile. On sait que la profession se mobilise avec panache à la moindre prise d'otage quand la victime est titulaire d'une carte de presse. Pourquoi le sort de Sami Al-Haj, enlevé le 15 décembre 2001 durant un reportage en Afghanistan, est-il ignoré du grand public? Pourquoi cette si longue «discrétion» de RSF qui donne trop souvent la fâcheuse impression de monter au créneau quand il n'est plus possible de faire autrement ? Parce que Sami Al-Haj est soudanais ? Parce qu'il travaillait pour une télévision arabe? Le supposer serait faire à RSF un mauvais procès. Parce qu'il est l'otage, non pas des ennemis des USA, mais des états-uniens ? Une réponse affirmative ne serait ni un mauvais, ni un bon procès, mais une présomption induite par les agissements récurrents de cette organisation.

Une idée extraordinaire serait la suivante : depuis des années, RSF fait parrainer par des organes de presse, des journalistes emprisonnés. Pourquoi ne pas choisir parmi eux celui qui croupit dans l'une des pires prisons états-unienne, sans charges précises contre lui, sans soins médicaux : *Sami Al-Haj journaliste à Al-Jazira, chaîne qui a interviewé plusieurs fois Ben Laden* ? Posée ainsi, la question comprendrait-elle des éléments de réponse ? Mais il faut encore et toujours donner le change. Et RSF le fera dans un communiqué de presse du 19 avril 2006 qui claironne : « L'avocat de Sami Al-Haj se confie à Reporters sans frontières ». Il s'agit bien sûr de convaincre que RSF ne s'est pas désintéressée de ce dossier. Hélas, c'est raté ! Et pour plusieurs raisons. La première coule de source : la jonction RSF/avocat de Sami Al-Haj se produit en avril 2006 pour un cas qui date de 2001. En outre, comme « preuve » de son implication, le communiqué de RSF fait effrontément référence à son rapport « Quand l'Amérique emprisonne des journalistes », sans signaler qu'il date du 13 février 2006. La deuxième est que les termes utilisés par RSF dans son communiqué, sont dix degrés en dessous de ceux qu'elle utilise quand le fautif n'est pas états-unien. RSF « est inquiète... scandale juridique et humanitaire que représente la base de Guantanamo... journaliste retenu depuis quatre ans sans chef d'inculpation... ». Le mot le plus fort est « scandale » s'appliquant à Guantanamo sans que RSF se départisse de sa farouche volonté de changer radicalement et prioritairement dans l'île tout ce qui est autour de ce bagne en épargnant ce dernier[71]. La troisième raison est que si RSF constate l'acharnement contre la chaîne Al-Jazira, elle le fait en 2006 pour une arrestation intervenue en 2001 et alors que la Fédération Internationale des Journalistes, l'avait fait, comme on l'a vu, dès 2003 au moment de l'arrestation de Tayssir Alouni, autre journaliste d'Al-Jazira dont le sort n'avait aucunement ému RSF à l'époque. La quatrième est que les mots forts sont exclusivement dans la bouche de l'avocat – normal, il défend un journaliste, n'est-ce pas ? : « Conditions de détention lamentable, il a parlé de suicide, situation insensée » et ce constat : « Aucun protocole, aucune convention de suivi ne régit la relation entre l'accusé et son avocat. Guantanamo est une zone de non-droit, soumise au bon vouloir des autorités américaines. » La cinquième est que RSF se garde bien de souscrire à la proposition suivante émise en janvier 2006 par Amnesty International : « Il n'y a pas de mesure intermédiaire en ce qui concerne Guantanamo. Le centre de détention doit être fermé et une enquête doit être immédiatement menée sur les nombreuses informations faisant état d'actes de torture et de mauvais traitements depuis 2002 », proposition reprise par l'ONU en février 2006. Le 31 mai 2006, tombait cette dépêche de l'agence Associated Press : « L'Union européenne appelle les autorités américaines à fermer Guantanamo. Ursula Plassnik, présidente en exercice du conseil des ministres de l'UE a exhorté mercredi 31 mai les USA à fermer dès que possible le centre de détention sur la base de Guantanamo, à Cuba, où sont incarcérés des hommes suspectés de terrorisme. » Et RSF se tait toujours. Il faudra attendre le 12 juin pour que, dans une phrase noyée dans un article, RSF murmure que Guantanamo doit être fermé. La sixième est que, loin d'organiser une action spectaculaire et bien médiatisée comme elle sait en faire ou de lancer une pétition, RSF en appelle à la bienveillance du geôlier : « Ne serait-ce qu'à titre humanitaire, les autorités américaines doivent le libérer. »

La vérité, RSF, puisqu'aucune charge n'a été retenue contre cet homme, ce journaliste, depuis plus de quatre ans de martyre, est qu'il faut le libérer au nom de la JUSTICE et du DROIT avant de l'indemniser. La vérité est que ses bourreaux doivent être jugés. La vérité est qu'on ne supplie pas les dirigeants d'un pays qui va rafler des journalistes à des milliers de kilomètres de son territoire de faire un geste d'humanité. On doit les menacer d'avoir un jour à comparaître devant un tribunal international créé à l'initiative – c'est une suggestion – d'organisations de défense des journalistes. La vérité enfin, quand on est une ONG qui fait dans la liberté des journalistes, c'est qu'on ne publie pas sans commentaire, comme le fait RSF dans ce communiqué, l'information suivante : « *The Guardian*, le 26 septembre 2005 : Sami Al-Haj aurait reçu des autorités américaines la promesse d'une libération et l'octroi d'un passeport américain s'il consentait à espionner sa propre chaîne pour le compte de Washington », qui est un raccourci édulcoré de l'article publié par le journal britannique sous la plume de Vikram Dodd : « [Sami Al-Haj] se plaint d'avoir été interrogé plus de cent fois, mais pas à propos des accusations. M.Haj dit que lors d'un interrogatoire, la nationalité américaine lui a même été proposée, s'il acceptait de devenir espion. “Ils ont dit : si tu travailles pour nous, nous t'apprendrons le journalisme, nous te donnerons un visa pour vivre où tu veux, nous te donnerons même la nationalité américaine, nous te protégerons et te donnerons de l'argent. Nous t'aiderons à écrire un livre et nous le publierons. Cela aidera à ce que les gens d'Al-Qaida te contactent et travaillent avec toi”. M. Haj a également déclaré que les américains ont menacé de s'en prendre à sa famille s'il refusait d'espionner une fois libéré ». Le 21 mai 2006, le site de soutien à Sami

Al-Haj[72] se réjouissait: «Notre action commence à porter. Reporters sans frontières réactive le dossier de Sami...». L'illusion sera pourtant de courte durée. Le 31 mai 2006, une nouvelle tombe. Il s'agit d'un «coup de cœur» de RSF pour *The Road to Guantánamo*, un film de Michael Winterbottom et Mat Whitecross. L'organisation «s'associe à la sortie du film» et nous donne des informations dépassionnées – des chiffres, pas de la souffrance – sur le bagne de Guantanamo: «On estime le nombre de détenus à être passés par Guantanamo à 760. La plupart ont été capturés en Afghanistan. Ils sont de 42 nationalités différentes (dont 7 Français), mais les Afghans, les Yéménites et les Saoudiens sont très majoritaires. 490 prisonniers seraient encore incarcérés. Les autres ont été soit envoyés dans d'autres centres de détention, américains ou étrangers, soit libérés sans autre forme de procès.» Et Sami Al-Haj? Encore oublié.

Le 12 septembre 2006, dans une longue lettre ouverte publiée en droit de réponse par le réseau Voltaire, Reporters sans frontières ambitionne de prouver la mauvaise foi de ses détracteurs et cite son action pour Sami Al-Haj. Il lui faut d'abord expliquer son mutisme prolongé. RSF le qualifie d'«erreur» et d'«oubli» tout en le justifiant: elle ne savait pas si Sami Al-Haj avait bien «été arrêté en raison de sa qualité de journaliste» et, «faute d'information», elle a «attendu». Pourquoi ne s'être pas renseigné, il y a presque cinq ans, auprès de l'avocat du malheureux, avocat que RSF se vante d'avoir contacté... en 2006? Et depuis quand RSF mène-t-elle d'aussi longues enquêtes sur les journalistes qu'elle va défendre? À Cuba, il suffit qu'un ignare cupide installe dans sa cuisine un télécopieur pour que RSF lui accorde symboliquement le Prix Albert Londres dans l'heure qui suit.

Rebelote le 27 septembre 2006 où, dans un communiqué dont l'apparente violence tend à faire oublier un long silence, RSF proteste énergiquement contre des menaces d'incarcération subies par l'avocat de Sami Al-Haj dans la base de Guantanamo. Le hic, outre le caractère tardif de cette toute neuve agitation, est que RSF s'en prend à « un militaire », désigné en bouc émissaire, et plus aux « autorités militaires » de la base, ce qui permet de ne pas poser la question de la responsabilité de l'armée US dans cette affaire comme dans d'autres, et de ne surtout pas faire remonter les critiques jusqu'à son chef suprême : Bush.

Pour conclure, on peut faire à RSF les reproches suivants :

- Vous avez rompu un silence, qui a presque duré un lustre, quand il était devenu impossible de faire autrement.
- Vous demandez la fermeture de Guantanamo, après tout le monde, et discrètement.
- Vous ne donnez aucune forme concrète à vos déclarations purement velléitaires.
- Vous ne vous expliquez pas sur l'escamotage pendant deux ans de Sami Al-Haj de vos listes de journalistes emprisonnés.
- Vous prétendez que vos interventions en faveur d'un journaliste méritent une enquête préalable s'il a été arrêté par les USA – et uniquement dans ce cas.

XV
Sous les rangers : la presse « libre »

On trouvait des journalistes pour moins cher qu'une bonne call-girl, pour deux cents dollars par mois
(Un agent de la CIA, sur le recours aux journalistes pour propager des articles de la CIA)
Katherine *The Great de Deborah Davis*, Sheridan Square Press, 1991.

D'après le *Los Angeles Times* du 30 novembre 2005, l'occupant paie discrètement des journaux irakiens pour qu'ils publient des articles favorables à l'armée états-unienne et qu'ils vilipendent les actions des insurgés. Ces articles seraient rédigés par des militaires états-uniens, puis traduits en arabe et présentés comme des textes de journalistes indépendants. Le *Los Angeles Times* cite des officiers ayant demandé l'anonymat. Il dénombre une dizaine de ces textes de propagande produits avec l'aide de l'agence de relations publique Lincoln group de Washington.

En date du 22 juillet 2003, le site de RSF publie, sous la rubrique « Irak », un rapport portant le titre : « Les médias irakiens trois mois après la guerre. Une liberté nouvelle mais fragile »[73]. Nos yeux ne nous trahissent pas, nous lisons bien : « trois mois après la guerre » en juillet 2003 ! Or, chacun constate que le carnage s'intensifie, que l'armée US poursuit ses opérations, construit des bases, augmente ses effectifs, que des journalistes continuent à mourir dans ce pays « en paix ». D'où vient que RSF assure que la guerre est finie ? D'un constat des faits ? De l'opinion générale des journalistes sur place ? Du retrait des troupes d'occupation ? De la signature d'un accord de paix entre les parties belligérantes ? Rien de tout cela, mais d'un phénomène d'écholalie – répétition machinale de mots prononcées par autrui. En effet, le 21 avril 2003, soit exactement trois mois plus tôt, le président G.W. Bush avait officiellement décrété la fin de la guerre. Et ce que Bush dit...

Ce rapport est très long (près de trente mille signes) et égayé de photos optimisantes. Il n'est pas question de le reproduire intégralement ici, quitte à risquer le reproche de troncature. Mais il est visible intégralement sur Internet. Il comporte quelques critiques contre les forces d'occupation, sans lesquelles le parti pris serait par trop éclatant. On en lira ci-dessous des passages choisis où des textes officiels sont entrecoupés d'appréciations et de jugements significatifs d'une incroyable complaisance envers l'armée états-unienne. On s'ébahira de l'absence de dénonciation vigoureuse de la dictature des vainqueurs sur la presse irakienne, de l'affirmation que la liberté de la presse est une réalité à qui il manque, pour être totale, une interprétation « raisonnable » par les États-uniens de leurs diktats et la fin des représailles exercées par la Résistance.

En fait, ce document est un fascinant exercice de schizophrénie politique. Y sont mélangés les exposés objectifs de la situation et ce qu'elle a d'insatisfaisant avec des commentaires éminemment subjectifs de RSF pour en escamoter les aspects tyranniques. Il en résulte un fatras où l'on peut trouver ça et là une phrase contredite par celle qui la suit immédiatement. En gros, c'est: la presse est libre sans l'être, elle le serait plus sans la Résistance, les «Américains» ont tous les pouvoirs sur les médias, espérons qu'ils seront raisonnables, on peut les critiquer mais si on est hostiles on va en prison, etc. Démonstration avec quelques passages goûteux:

Voici trois mois qu'un vent de liberté souffle sur la presse irakienne. [...] Pour autant, l'insécurité et la volatilité de la situation, le surarmement de la population, les luttes entre partis ainsi que l'occupation militaire des forces américaines et britanniques ne garantissent pas une totale liberté aux journalistes qui pratiquent une autocensure manifeste. Mais aujourd'hui la critique est admise. La diversité d'opinions aussi. Quant à l'avenir des médias irakiens, il est largement entre les mains de l'Autorité intérimaire de la coalition (Coalition Provisional Authority, CPA) et, selon les prérogatives qui lui seront dévolues, entre celles du Conseil de gouvernement transitoire irakien nommé le 13 juillet 2003.

Le ton de cette presse est généralement critique envers les Américains, avec des degrés variables de virulence. Cependant, tous les journaux observent les limites de ce qu'ils pensent être acceptable par les forces américaines.[...] La presse irakienne souffre également d'un cruel manque de crédibilité[...] Les médias installés par la coalition ne leur inspirent guère plus confiance, au premier rang desquels l'unique chaîne de télévision hertzienne à Bagdad, opérant sous le nom de IMN et surnommée «la télévision des Américains».

Apprécions un sous-titre: «Une nouvelle liberté menacée par l'insécurité» et reprenons notre lecture:

Mais si les choses ont radicalement changé depuis le 9 avril 2003, date de la prise de Bagdad par l'armée américaine, les journalistes irakiens ne se sentent pas encore entièrement libres de s'exprimer ou de traiter l'information comme ils le souhaitent. La première source de pressions est la peur des partis et l'insécurité qui les poussent à faire attention à leurs écrits. En outre, ils refusent de parler d'une «presse libre» dans un pays «sous occupation étrangère». Le décret numéro 7 pris par l'administrateur civil américain Paul Bremer, fin juin 2003, interdit et réprime, entre autres choses, l'incitation à la violence contre les forces de la coalition, ainsi que l'incitation à la haine ethnique, raciale ou religieuse. Bien qu'il n'aurait été utilisé que deux fois, pour fermer une radio et un journal, ce décret plane comme une ombre au-dessus de la tête des journalistes irakiens.

Les journalistes qui, à l'inverse de RSF «refusent de parler d'une "presse libre"» connaissent-ils la peur? Oui, et d'abord celle «de représailles de la part des partis politiques et des baasistes» tandis que «les limitations imposées par les Américains encouragent les journalistes irakiens à une certaine prudence.» Malheureux journalistes libres, pris entre les deux mâchoires d'une tenaille. L'une, terrible et irakienne, exerce des représailles et l'autre, protectrice et états-unienne encourage à la prudence par ses mesures limitatives! Poursuivons:

Le décret sur les «médias hostiles» (numéro 7) [...] désigne le commandant des forces de la coalition comme étant l'«instance de surveillance des médias». Ce dernier a la charge de «créer un registre des médias privés et d'exiger d'eux une autorisation pour commencer à émettre ou à publier». Le décret sur les «médias hostiles» autorise les forces armées à opérer des perquisitions et à retirer lesdites autorisations en cas d'infraction à neuf interdictions explicites: incitation ou potentielle incitation à la violence contre les forces occupantes, incitation à la haine raciale, ethnique ou religieuse; promotion du désordre public, des émeutes et du vol; soutien au parti Baas; encouragement à la modification des frontières de l'Irak par des moyens violents, etc. *Le dernier point porte sur l'interdiction de diffuser des informations fausses et calculées visant à décrédibiliser l'Autorité intérimaire de la coalition. Les sanctions encourues sont la saisie et la fermeture du média ainsi qu'une peine de prison prononcée par les «autorités compétentes» pouvant aller jusqu'à un an de prison. Le média peut «faire appel en écrivant à l'administration de l'Autorité intérimaire.*

«Nous voulons une presse libre», avait assuré, le 11 juin 2003, un porte-parole de l'Autorité intérimaire états-unienne, indiquant que ce décret «n'a pas pour objectif de restreindre cette liberté, mais de limiter le recours à la violence (...) et de préserver la sécurité en Irak».

Donc, l'autorité *«intérimaire»* – depuis quatre ans – veut *«une presse libre»* – objectif dont RSF, agitée de pulsions partiales, nous apprend qu'il est déjà atteint tout en nous fournissant les éléments concrets prouvant le contraire. Liberté non restreinte? Mais tout ce que nous venons de lire, sous la signature de RSF, tout ce que nous savons par ailleurs, démontrent abondamment le contraire. Quel type d'apathie empêche RSF de s'insurger contre cette affirmation mensongère de l'Autorité états-unienne? Quel brusque accès de tétanie a bloqué ses cordes vocales quand elles allaient vibrer d'indignation? On ne sait – c'est une façon de parler – mais on s'exorbite quand, au milieu de cette description de la réalité, RSF introduit benoîtement la perle suivante: «Si un tel décret semble nécessaire au regard de l'instabilité politique dans le pays, reste à savoir si les forces de la coalition feront une interprétation raisonnable, ou au contraire excessive, de la notion d'"incitation à la violence", notion "élastique"». On croit rêver. Voici une presse qui se censure prudemment, qui doit implorer l'autorisation de paraître à une armée étrangère, laquelle se proclame «organe de surveillance des médias». Ce dernier peut proscrire les journaux qui sont «hostiles» et autoriser les thuriféraires – pourtant suspects aux yeux de la population –, interdire de publier des informations qui pourraient décrédibiliser l'envahisseur, punir de prison les contrevenants –y compris «potentiels»! En d'autre temps, un comique –professionnel!–, Pierre Dac, chantonnait à la BBC à l'adresse d'une radio couchée devant l'occupant: «Radio Paris ment, Radio Paris ment, Radio Paris est allemand.» RSF, elle, s'extasie: «Voici trois mois qu'un vent de liberté souffle sur la presse irakienne.» Et, au comble de la confusion, elle démontre qu'il n'en est rien:

En l'absence de système judiciaire, seules l'armée américaine ou l'Autorité intérimaire de la coalition (CPA) sont autorisées à poursuivre et condamner les médias. La coalition est donc à la fois juge et partie. Elle surveille, pénalise et éventuellement réprime pour des offenses commises à son encontre. La procédure d'appel est peu convaincante. Elle ne prévoit pas l'intervention d'une instance indépendante des forces de la coalition puisque la seule procédure d'appel est l'envoi d'une lettre de protestation à l'Autorité intérimaire

Puis, après avoir rapporté sans pousser le moindre cri d'orfraie que deux médias ont été fermés «par les forces de la coalition», RSF remarque que «les critères et la procédure d'enregistrement et d'autorisation pour émettre ou publier manquent cruellement de transparence».

Quelle conclusion tire-t-elle de cette oppression? Celle-ci:

Il importe donc de surveiller quelle sera la politique d'autorisation des forces de la coalition et de veiller à ce qu'il n'y ait pas de discrimination ou d'interdiction spécifique à l'encontre de certains médias.

Mais on vient de lire plus haut que la presse, qui ne pouvait naguère critiquer l'autorité nationale, ne peut pas davantage aujourd'hui s'en prendre librement à l'envahisseur qui assassine son peuple, pratique la torture et fait main basse sur le pétrole.

Comment RSF pourrait-elle intervenir? Référons-nous toujours à son site: «Qui sommes-nous? Alertée par son réseau de plus de cent correspondants, Reporters sans frontières dénonce les violations de la liberté de la presse dans le monde en informant les médias et l'opinion publique par des communiqués de presse et des campagnes de sensibilisation. » Eh bien voilà, ici, en Irak, la liberté de la presse est violée. RSF a-t-elle lancé des « campagnes de sensibilisation » ? Pas du tout ! Elle publie des rapports où l'on apprend que les forces d'occupation ont libéré les médias, pas complètement encore car cette « nouvelle liberté [est] menacée par l'insécurité ». Comprenons : par la Résistance. L'attitude des soldats de la coalition sur le terrain ? « Des comportements hostiles envers la presse ont été remarqués ». Hostiles : ils tirent dans ces cas-là ? Pas que l'on sache à lire ce rapport : ils interpellent. RSF, intrépide, n'hésite pas à nous détailler les ennuis causés à des journalistes par des militaires états-uniens : ils les ont retenus plusieurs heures, guère plus méchants cependant que la police irakienne qui en fait autant. Pas de quoi en faire un fromage, pas de quoi lancer une campagne « prioritaire », n'est-ce pas ? Dame ! Nous ne sommes pas en Amérique latine.

Résumons maintenant la conclusion de RSF : la situation est globalement positive. L'information est « aujourd'hui libérée de la propagande officielle », même si « les forces anglo-américaines orientent et contrôlent – au moins en partie – la ligne éditoriale des médias qu'elles financent... ». Mais il y a cette fichue Résistance qui empêche la totale éclosion de la fleur : « Seul un retour rapide à l'ordre et à la sécurité leur permettra de travailler en toute liberté... » À chacun de deviner si RSF souhaite un « retour rapide à l'ordre » par le départ des forces armées étrangères ou par la capitulation de la Résistance. « Bien qu'on n'ait pas, à ce jour, à déplorer d'interprétation excessivement sévère du décret numéro 7, la vigilance s'impose... » Qu'est-ce qu'une interprétation excessivement sévère dans ces circonstances ? En quoi peut-elle être modérée, normale, acceptable pour une ONG qui défend la liberté de la presse puisqu'il s'agit du droit régalien de l'occupant de décréter quel est le média hostile, sur quoi il est permis de s'exprimer et jusqu'à quand ? Est-il abusif de dire que cette situation ne serait pas tolérée par RSF dans aucun des pays non encore envahis par les USA ? Que nulle part au monde on ne vit jusqu'alors une ONG éprise de liberté s'accommoder d'un tel assujettissement ?

Pendant que les nazis faisaient la loi en France, l'ambassade d'Allemagne à Paris aida beaucoup la *Propaganda Abteilung* dans son travail. La *Pressgruppe* avait comme objectif la surveillance de la presse provinciale. Les moyens de rétorsion étaient la suspension, voire l'interdiction de la parution. La *Propaganda Staffel* fournissait des communiqués de (dés-) informations prétendument écrits « par une équipe 100 % française ». Des journalistes trouvaient l'occupant « correct », regrettaient du bout des lèvres des entraves à la liberté totale – entraves partiellement imputées à l'action de la Résistance –, reproduisaient sans plus les réfuter les arguments de l'ennemi et laissaient espérer que les choses, sous l'occupation, iraient en s'améliorant jusqu'à devenir normales. Est-ce une erreur historique d'écrire que ces plumitifs ont eu des ennuis à la Libération ?

Le rapport 2004 de RSF sur l'Irak contient cette perle : « Pour les médias irakiens, des dizaines d'années de privation totale de liberté de la presse ont pris fin avec le bombardement du ministère de l'Information, le 9 avril à Bagdad. »[74] Il y avait forcément des journalistes sous ces bombes-là. Peut-être étaient-ils inféodés au pouvoir, menteurs, bourreurs de crâne, mais la Convention de Genève ne trie pas. Selon elle, ce bombardement est un crime de guerre. Fallait-il vraiment que RSF le salue ? Le même rapport signale que le renversement de Hussein « a ouvert une nouvelle ère de liberté [...]

pour les journalistes irakiens. » À ce moment là, selon le International News Safety Institute[75] plus de quarante-quatre journalistes irakiens et leurs assistants sont morts en couvrant le conflit depuis deux ans.

XVI
Haïti ou la mort discrète des journalistes libérés

Le 3 avril 2000, le journaliste Jean Dominique est assassiné à Haïti alors que Jean-Bertrand Aristide est président de ce petit pays, un des plus pauvres de la planète, le plus pauvre de toute l'Amérique latine. Dans l'année qui suit, RSF va publier dix communiqués sur cet assassinat. On ne saurait le lui reprocher. À quatre reprises, RSF exige la levée de l'immunité Parlementaire contre le sénateur Dany Toussaint, soupçonné d'être le commanditaire. La publication des communiqués sur cet assassinat va se poursuivre au fil des années et, en 2004 (année de l'enlèvement du président Aristide par les forces armées US épaulées par des troupes française), ils atteindront le chiffre de vingt. En juin 2002, Reporters sans frontières est intervenue pour que le Congrès des États-Unis et l'Union européenne prennent des sanctions contre vingt-quatre hauts responsables haïtiens, dont le président Jean-Bertrand Aristide. RSF demandait de refuser à ces responsables tout visa leur permettant de circuler entre les États-Unis et l'Union européenne, et de «geler leurs comptes bancaires à l'étranger». Motif: les lenteurs dans l'enquête sur l'assassinat de Jean Dominique. Pour agir plus efficacement, RSF a mis en branle son «Réseau Damoclès».

Revenons sur la mort de José Couso le 8 avril 2003, suite à un tir de roquette d'un char US alors qu'il se trouvait à l'hôtel Palestine à Bagdad. RSF publiera dans l'année trois communiqués où figure le nom de ce cameraman espagnol. L'année suivante, RSF publiera cinquante-cinq communiqués sur la guerre en Irak, un seul cite José Couso.

Si RSF a réclamé avec insistance la levée d'une immunité Parlementaire dans l'affaire haïtienne, elle n'a pas pensé à suggérer que soit relevé de son commandement et sanctionné l'officier de l'armée d'occupation qui a donné le feu vert aux soldats pour qu'ils déclenchent un tir meurtrier sur un hôtel peuplé de journalistes. Quant au bras judiciaire de RSF, le «Réseau Damoclès», nul n'a eu l'idée, en cette occasion, de le brandir au-dessus des képis de l'*US Army*.

Et comment expliquer que, si RSF exige que soient bloqués les comptes en banque de responsables haïtiens dont le président Aristide, si elle a suggéré en janvier 2004 la même mesure pour tous les comptes cubains[76], elle omette d'étendre cette idée aux militaires états-uniens qui tuent des journalistes, à ceux qui les couvrent, voire au commandant en chef de l'armée US: le président Bush. L'idée fait sourire. Pourquoi? Parce qu'il est des lois et des méthodes qui ne s'appliquent qu'aux petits. Surtout quand l'Administration Bush concocte un plan de débarquement à Haïti, l'enlèvement du président et, si possible, l'établissement de bases militaires très utiles dans un pays tout proche des voisins indisciplinés.

Nul ne sera surpris d'apprendre que RSF a aimé l'enlèvement du président Aristide le 29 février 2004. D'où une moindre vigilance sur l'après coup de force des occidentaux.

Ce relâchement n'échappera pas à la journaliste états-unienne Diana Barahona, qui écrira dans le *Northern California Media Guild*[77]:

Mais RSF est restée silencieuse sur les lendemains sanglants du coup d'État, même devant les attaques répétées de journalistes. Par exemple, la mort du journaliste de radio Abdias Jean dans un bidonville de Port-au-Prince au mois de janvier dernier, tué par la police, est passée inaperçue auprès de l'organisation, tout comme l'agression par des coups de feu tirés contre le journaliste Raoul Saint-Louis au mois de février après qu'il eut reçu des menaces de mort et qui doit désormais vivre caché. En fait, à la différence de sa campagne résolue contre Aristide, RSF ne trouve rien à dire sur le gouvernement actuel.

Rien à redire ? Si : un compliment. Car que lit-on sur le site de RSF, dès le 6 juillet 2004 : « Haïti, la liberté de la presse retrouvée. Un espoir à entretenir ». Curieuse, cette propension à qualifier de « libre » la presse de pays où les militaires font leur loi en vertu d'un pouvoir qui leur est conféré par l'acier ! Admirable cette virtuosité grâce à laquelle la bannière étoilée se transforme en voile cachant les horreurs que Tartuffe ne saurait voir !

Mais attention, si l'aube se lève, radieuse, quoique chancelante, dans les pays envahis par les armées de Bush, des suaires noirs gagnent chaque jour un peu plus sur le bleu du ciel, là où des rebelles contrarient l'Empire. RSF nous en avertit, en caractères gras dans l'introduction de son rapport 2005 pour les Amériques , « En Haïti, la situation s'est nettement améliorée après le départ du président Aristide mais reste très fragile. Au Venezuela, les lois liberticides se multiplient. »[78]

Parlons donc du Venezuela.

XVII
Ils sentaient bon le sable chaud, mes légionnaires

Le 11 avril 2002, Hugo Chávez Frías, président démocratiquement élu du Venezuela et bête noire des USA est renversé par un coup d'État militaire. Les libertés publiques sont suspendues. C'est la fin des institutions démocratiques, de l'Assemblée nationale – dont le décret de dissolution fut signé par le président de l'Association des Télévisions vénézuéliennes. La Constitution est abolie, les partis, les syndicats sont interdits, les rares organes de presse pro-gouvernementaux sont fermés et des journalistes arrêtés, frappés. Nicolas Rivera, de Radio Perola est torturé devant sa famille. Catia TVe, Radio Catia Libre sont perquisitionnés, leurs responsables pourchassés par la police.

Les putschistes essaieront vainement d'obtenir de Hugo Chávez la signature de sa lettre de démission. Contacté par téléphone au début des événements, Fidel Castro a donné à son ami le conseil suivant : « Rends-toi si tu n'es pas en mesure de résister, mais ne signe surtout rien.»[79] Chávez va s'en tenir à ce conseil et toutes les pressions, même celles de l'Épiscopat – Chávez est catholique et porte toujours sur lui une image de la vierge – ne le feront pas changer d'avis. Or, il est primordial qu'il démissionne avant d'être expédié de force à Cuba. Un chef qui abandonne son peuple et qui file à l'étranger, le scénario est fréquent dans ce coin du monde. Et les fuyards sont discrédités à jamais. Le temps passe et la rue s'organise sur l'air de *Rendez-nous notre président*. Quand Chávez, transporté par hélicoptère hors de Caracas, isolé sur une plage de l'île de La Orchila, voit arriver vers lui un groupe de soldats chargés de l'exécuter en application des ordres venus de l'étranger, la situation a tourné. Le peloton d'exécution est divisé, les légalistes menacent de tirer sur ceux qui tueront le président. À Caracas, une partie de l'armée, s'appuyant sur de formidables mouvements de foule, va arrêter les putschistes. Le coup d'État le plus court – quarante-sept heures – de l'histoire de l'Amérique latine vient de connaître un heureux dénouement.

Dans les heures qui ont précédé l'inattendu retour de Chávez au pouvoir, deux pays, peu regardant sur la légalité démocratique des changements politiques intervenus, se sont précipités pour claironner que Chávez avait démissionné et pour parler de lui au passé : l'Espagne de José-Maria Aznar et les USA de George W. Bush. Deux pays et une ONG : Reporters sans frontières de Robert Ménard. En effet, de Paris, un communiqué de RSF daté du 12 avril s'adressait aux nouvelles « autorités » – ce qui revenait à reconnaître *de facto* la dictature militaro-patronale pro-US installé par les armes contre le vote du peuple. Déplorant une imaginaire « répression » dont faisait l'objet l'opposition sous Chávez, RSF s'inquiétait mollement du sort des journalistes « proches de l'ancien [sic] président » et concluait par un mensonge tout droit sorti des organes de propagande des putschistes : « Reclus dans le palais présidentiel, Hugo Chávez a signé sa démission dans la nuit, sous la pression de l'armée. »[80] Les deux correspondants vénézuéliens de RSF ont-ils cherché à rétablir la vérité ? L'un, Ewald Schwarenberg, est journaliste, à *El Nacional*, un journal d'opposition dont l'édito du 12 avril 2001 saluait le coup d'État comme une « victoire de la démocratie ». Par parenthèse, le 25 juillet 2004, l'ex-président Carlos Andrés Pérez, confiera à *El Nacional* : « Je travaille pour renverser Chávez. La violence nous permettra de le renverser. Chávez doit mourir comme un chien. »[81] L'autre correspondant de RSF est la politologue Maria José Perez, par coïncidence conseillère de l'opposition. Dans la préface de cet ouvrage, Thierry Deronne nous livre l'émerveillement inextinguible qu'elle exprima dans *El Universal* du 22 novembre 2002 « à la vue des militaires insurgés, de ces hommes vertueux qui défilent sous nos couleurs nationales ». Bref, un fauteuil laissé vide par Chávez, d'altiers militaires qui rétablissent la démocratie, que pouvait souhaiter de plus RSF pendant quarante-sept heures ?

XVIII
RSF et les préparatifs médiatiques du putsch

Il ne suffit pas à une armée de s'emparer du pouvoir par la violence. Il faut s'y maintenir et la terreur seule n'y suffit pas. Une adhésion, au moins partielle, d'une partie de la population et le désarroi passif d'une autre partie sont indispensables. Alors seulement il devient possible de contenir les irréductibles.

La presse vénézuélienne, presque entièrement aux mains de riches opposants, s'était déchaînée contre le gouvernement, bien avant le coup d'État. On imagine mal en France la violence des diatribes lancées contre Chávez, les injures, les appels à l'insurrection armée. Qu'un média français se livre au dixième de ce déchaînement et il serait aussitôt interdit, ses dirigeants traduits devant les tribunaux. Quand Alexandre Adler qualifie chez nous Chávez de « gorille bolivarien », quand il évoque sa « mâchoire de primate » – langage dont il se garderait à l'encontre d'un politicien français sous peine de s'attirer de sérieux ennuis –, il ne fait que reprendre le vocabulaire en vigueur dans les médias de Caracas où Chávez est traité de « singe » en raison de ses origines – c'est un « *zambo* », c'est-à-dire un mélange d'indien, de noir et d'Espagnol. De par sa naissance et de par la politique d'indépendance et de redistribution des richesses qu'il veut mettre en œuvre, il attire tous les quolibets : « *Caudillo* d'opérette », « démagogue », « apprenti dictateur », « populiste créole », « soudard en costume cravate », « narcoguérillero », « agressif », « instable », « fou », « antisémite », « artisan d'une dictature rouge-brun », « greffe communiste », à la fois « clone » (de) et « futur Castro », « ami du président libyen Kadhafi, et du président iranien Mahmoud Ahmadinejad », tout cela – et bien d'autres choses encore – lui a été lancé par les adeptes du dialogue démocratique, forts marris, on l'imagine, de n'avoir encore pu trouver un lien plausible entre lui et Ben Laden.

Ce lynchage en règle ne découle pas de mouvements d'humeur, mais bien d'une opération de discréditation, préalable à l'action séditieuse. Qui, n'est-ce pas, lèverait le petit doigt pour défendre une dictature dirigée par un singe antisémite qui fréquente le diable ? Reste à convaincre que la révolution bolivarienne c'est bien ça : un régime qui évolue vers l'oppression d'un peuple. Dans l'orchestre qui exécute le grand air de la calomnie, RSF jouera sa partition. Muette sur les atteintes à la liberté de la presse européenne dès lors qu'il s'agit de plier les journalistes aux intérêts de leurs richissimes propriétaires, trop discrète devant les restrictions de cette même liberté aux USA au nom du patriotisme et du soutien aux *boys* qui massacrent des peuples lointains, RSF braque son collimateur et son porte-voix sur le palais de Miraflores, siège de la présidence vénézuélienne. On citera plus loin la kyrielle de ses interventions pour défendre une presse vénézuelienne qui n'a jamais été inquiétée dans les faits et qui continue à jouir d'une liberté dont probablement aucun pays européen ne pourrait s'accommoder tant elle transgresse les lois de la paix civile, le droit des peuples à choisir leur gouvernement, celui des hommes à ne pas être injuriés, calomniés, menacés de mort. Qu'importe, le jour précédent le coup d'État, tel un pompier qui intervient avec des allumettes sur les lieux d'un futur incendie possible, RSF dénonçait le «recours abusif par le gouvernement à un système de réquisition du temps d'antenne.»

Pouvait-elle ignorer alors, ses deux correspondants au Venezuela, journalistes, ignoraient-ils ce que le correspondant du *Washington Post* avait perçu quand, le 13 avril 2002, il écrivait : «Ces dernières semaines, les visites de membres de divers groupes d'opposition se sont succédé à l'ambassade des États-Unis. Parmi eux figuraient des généraux en retraite, des patrons de médias et des politiciens de l'opposition» ? Peu importe à qui ne veut pas voir ! Non seulement la presse anti-chaviste peut courir prendre ses consignes pour l'insurrection à l'ambassade US, non seulement elle peut appeler à l'assassinat du président et propager des tombereaux de fausses nouvelles dont rougirait le journaliste français le moins scrupuleux, mais elle peut se soustraire aux impôts, toute velléité de la soumettre à la loi fiscale commune étant une atteinte à la liberté de la presse !

Or, il se trouve qu'un spécialiste en communication, membre du conseil scientifique d'Attac, Armand Mattelard, a eu l'idée de procéder à une analyse des médias chiliens avant le renversement de Salvador Allende[83]. Il conclut : «L'enquête judiciaire sur l'administration du journal *El Mercurio*, accusé d'irrégularités fiscales, a servi de prétexte pour dénoncer de soi-disant mesures coercitives contre la "presse libre".» De là un déchaînement médiatique contre le «marxiste» liberticide Allende, «ami de Castro».

Dans le Chili de 1973 et le Venezuela de 2001, c'est la même technique au prétexte d'une inspection fiscale de la presse, mesure baptisée prémices de dictature ! En 1973, le bobard fut instruit par la CIA. En 2001, RSF, le reprendra. Aucun élément concret ne nous permet d'en déduire qu'elle a été sciemment associée au patronat, aux généraux factieux et à la CIA dans une répartition des tâches pour la préparation du putsch. Il est clair cependant que RSF fonde sa vision de ce pays en puisant dans des articles d'une presse qui a failli et dont les écrits mériteraient d'être vérifiés. RSF a peut-être été instrumentalisée et d'autant plus facilement que son choix politique était fait. En tout cas, il est permis de trouver fâcheuse sa promptitude à populariser les thèses aptes à déstabiliser des gouvernements qui déplaisent aux oligarchies nationales et à l'Empire[84].

En 2003, pas plus que les autres années, le pouvoir bolivarien n'a touché à un cheveu de la presse. Et pourtant, on a vu qu'elle a été un des moteurs essentiels de la préparation du putsch. Pour autant, RSF ne saurait lâcher sa proie. Hugo Chávez, nous apprend RSF dans son rapport sur l'année 2003, a lancé des « menaces de sanctions fiscales ». Et de détailler par le menu. En février, une radio de l'État de Miranda doit répondre d'irrégularités fiscales. Le même mois, un contrôle fiscal frappe la chaîne Globovisión qui doit payer l'équivalent de 96 000 euros d'arriérés et Chávez prévient que d'autres encore ont « des dettes importantes envers le fisc ». Enfin, un service de l'Administration fiscale somme le Collège National des Journalistes de lui communiquer la liste de ses membres. À cinq reprises donc, dans son rapport, RSF pilonne sur l'action du fisc envers la presse. Pourquoi ? Pour étayer un dossier désespérément vide. Or, les actions du fisc vénézuélien ne sont pas concentrées sur la presse comme voudrait nous le faire croire RSF. Elles visent toutes les entreprises soupçonnées de frauder allègrement comme il était de règle sous le règne des politiciens corrompus de l'ère pré-chaviste. Ainsi, en mars 2006, le fisc vénézuélien a fermé les locaux de Total pour quarante-huit heures en raison d'arriérés d'impôts non réglés représentant 107,4 millions de dollars. Il a également ordonné la brève fermeture de bureaux d'autres entreprises locales et étrangères dans le cadre d'un vaste coup de filet sur la fraude fiscale. Le fisc a d'ores et déjà récupéré des arriérés d'impôts auprès de vingt-deux entreprises pétrolières qui avaient négligé d'appliquer une nouvelle loi sur les hydrocarbures entrée en vigueur en 2001. Finalement, Total a décidé de rompre sa collaboration, mais le groupe français a commencé à rembourser des arriérés d'impôts estimés à 108 millions de dollars pour la période 2001-2004. D'où nous vient ce sentiment que la récupération des richesses nationales pour sortir le peuple de la misère, c'est-à-dire pour le soustraire aux lois économiques et sociales dictées par le puissant voisin, messied à RSF ?

Ce qui est sidérant, c'est que non seulement les journaux, les chaînes de télévision dont RSF annonçait en 2001 la mort possible du fait de la dérive dictatoriale du pouvoir bolivarien continuent à paraître et à injurier, mais que RSF, toute honte bue, ressasse son antienne sur la fin annoncée de la liberté de la presse et intensifie, de l'extérieur, la campagne que l'opposition, discréditée, divisée, laminée dans les urnes, ne peut plus mener sur place.

Dans son rapport portant sur l'année 2002, celle du putsch, RSF constate – mais sans s'y attarder – la répression contre « les médias jugés pro-Chávez ». Puis, elle règle le compte des supporters de Chávez coupables d'agressions et d'actes d'intimidation, « encouragés par les déclarations du chef de l'État contre la presse », mais aussi – comment continuer à le taire – « par la radicalité des positions de cette dernière à son encontre ». Un partout la balle au centre, en quelque sorte, c'est bien normal : la presse qui appela l'armée à balayer le verdict des urnes, qui participa activement au coup d'État et qui publiera des appels à assassiner le président n'est pas plus blâmable que ce dernier quand il s'en agace, sans pour autant sortir la muselière.

Cependant, RSF doit concéder que « la presse privée [...] a parfois oublié les règles les plus élémentaires de la déontologie ». Exact, et particulièrement les journaux qui appointaient ses représentants à Caracas.

Sans doute l'organisation parisienne devrait-elle aussi déplorer ses propres contradictions qui poussent Robert Ménard à jurer à Paris qu'il ne s'ingère pas dans la politique des États et dans les luttes entre les partis : « Je vous rappelle que RSF se consacre uniquement à la liberté de la presse »[85] après avoir lâché, comme pour ridiculiser ce « rappel », un abrupt jugement politicien à Miami[86] : « Le gouvernement de Hugo Chávez est un échec, une catastrophe économique de promesses non tenues ». Passons sur une « catastrophe de promesses » : le tranchant de la sentence estompe le relâché du style. Et laissons la parole à un *aficionado* des bolcheviks latino-américains, j'ai nommé *Le Figaro*[87] : « L'économie vénézuélienne est depuis deux ans la plus dynamique d'Amérique latine. Le produit intérieur brut (PIB) a crû de 17,9 % en 2004, de 9,4 % en 2005 et probablement de 7 % cette année. » On doit le relire pour y croire : Robert Ménard, l'omniprésent omniscient, constatait une catastrophe économique l'année même où le Venezuela voyait croître son PIB de presque 18 %.

XIX
La presse libre selon Saint-Robert Ménard

Dans les années précédant l'arrivée de Hugo Chávez au pouvoir, l'élite vénézuélienne, qui affectionne de vivre aux États-Unis, avait obtenu de la Commission Nationale des Télécommunications 95 % des fréquences radio et TV disponibles, c'est-à-dire le quasi monopole de l'information, ne laissant à l'État qu'une portion congrue. Dès l'élection de Chávez, Globovisión, RCTV, Venevisión, Meridiano TV, CMT, Televen ont lancé contre lui une violente offensive. Quand, un mois avant le coup d'État, le gouvernement se met en tête de reprendre le contrôle de l'entreprise pétrolière d'État, PDVSA, dont les dirigeants sont corrompus, les médias appellent à la grève et aux manifestations. Or, PDVSA est une source primordiale de revenus pour la nation. Sa paralysie est de nature à ruiner rapidement le pays. C'est bien le but recherché pour que le peuple répudie son président. Ici, le patronat vénézuélien applique la recette qui a si bien réussi au Chili de 1973 contre Salvador Allende avec la grève des camionneurs, la paralysie de l'économie s'ajoutant au déchaînement de la presse. Les médias privés vénézuéliens vont mener le bal. La loi les oblige –comme partout dans le monde– à accorder un temps d'antenne au gouvernement. Ils le feront donc, mais en rendant les discours de Chávez inaudibles, en les soulignant de textes défilant qui les contredisent, en coupant l'image en deux parties dont l'une montre le président et l'autre les manifestations. Bref, en bafouant le Chef de l'État qui intervient pour tenter d'éviter la guerre civile et le marasme économique. Dans les jours qui précèdent le coup d'État, des tirs éclatent dans la rue. Les télévisions crient au « massacre » tandis que le secrétaire de presse de la Maison Blanche, Ari Fleischer –celui qui « pèse ses mots »–, affirme que Chávez a « donné l'ordre de tirer ». Maurice Lemoine, envoyé spécial du *Monde Diplomatique* était sur place. Il témoignera de ce qu'il a vu : des francs-tireurs tirant sur des sympathisants chavistes. Puis Chávez est arrêté. L'unique chaîne d'État est envahie, son matériel détruit. Seule la voix des putschistes se fait entendre désormais. Les télévisions vont exhiber sans être contredites, un document qui n'a jamais existé : la lettre de démission de Chávez. Toutes les vingt minutes, durant trente-six heures, le général factieux Rincón va pouvoir y annoncer cette « démission ». Pendant que s'organise et s'amplifie la mobilisation de la rue, pendant qu'une partie de l'armée exprime ses réticences, pendant que des casernes se proclament loyalistes et menacent de partir à l'assaut des troupes insurgées, pendant donc que se mettent en place tous les ingrédients d'un affrontement fratricide, que font les médias chéris de RSF ? Ils mentent, nous l'avons vu, puis, quand l'issue devient incertaine, ils optent pour l'autocensure. Stupéfait, le citoyen vénézuélien qui allume son poste de télévision pour savoir ce qui se passe dans son pays va assister à des matches de base-ball, visionner des documentaires animaliers, des dessins animés de Tom et Jerry. Par bonheur, des images proviennent de l'étranger par satellite. S'y ajoutent le bouche à oreilles, le téléphone, les e-mails, les estafettes à pied, à vélo ou à moto. Le peuple a spontanément contourné l'omerta médiatique. Et quand il reprendra du poil de la bête, comprenant par le silence même des médias que l'affaire tourne mal pour les félons, il va foncer vers la chaîne abhorrée Globovisión, tandis que journalistes et producteurs démissionnent par dizaines, écoeurés par le rôle qu'on leur a fait jouer. Personne ne sait si RSF s'est inquiété de leur sort depuis.

Après le retour de Chávez au pouvoir sur les épaules du peuple et d'une partie de l'armée, les médias putschistes seront-ils fermés, leurs dirigeants emprisonnés ou passés par les armes ? Non, aucune sanction ne sera prise et ils vont pouvoir aussitôt recommencer comme si rien ne s'était passé. Cependant, la secousse a laissé des traces dans les rangs de journalistes épris d'éthique. Ainsi, le syndicat de *El Nacional*, a lancé un avertissement public aux propriétaires des médias : « Nous ne nous laisserons plus utiliser [...] Nous n'approuvons pas la diffusion d'informations déformées et intolérantes et nous n'acceptons ni les dirigeants ni les organisations qui prétendent nous représenter, nous guider et nous manipuler avec leurs arrêts de travail alors qu'ils ont refusé à maintes reprises aux travailleurs leur droit légitime de faire grève pour des revendications de travail et n'ont pas réagi devant les licenciements des travailleurs... » Le correspondant de RSF qui travaille dans ce journal s'y est-il associé ? RSF a-t-elle diffusé ce texte ? Le lecteur en serait surpris. Car cette position tranche singulièrement avec celle de l'organisation qui, depuis Paris, dans les mois qui précédèrent et qui suivirent le putsch, au moment où le sort du Venezuela était en jeu, arrosait le monde en communiqués mettant gravement en accusation... le gouvernement. En voici les titres, suivis d'un résumé de leur teneur :

10 avril 2002 – « Recours abusif par le gouvernement à un système de réquisition du temps d'antenne. »[82]
RSF écrit à Chávez pour lui reprocher de revendiquer trop d'espaces pour parler au pays – le putsch militaro-médiatique aura lieu le lendemain et sera aussitôt suivi de la censure totale du gouvernement.

12 avril 2002 – « Un journaliste a été tué, trois autres ont été blessés et cinq chaînes de télévision brièvement suspendues. »
RSF exige des « autorités » – des putschistes ! – une enquête approfondie.
Ce même 12 avril RSF parle de « l'ancien président » qui « a signé sa démission ».

13 avril 2002 – « Silence télé. »
À cette date, le putsch est en train d'échouer. RSF rapporte brièvement, sans les contredire ni même les mettre en doute, les arguments fallacieux des médias qui ont censuré les événements. Puis, elle répertorie, en les dramatisant, les actes de colère de la foule qui a « manifesté violemment » devant le siège d'une télévision privée, « jeté des pierres sur la façade d'une autre et brisant les vitres de la station ». Ailleurs, les journalistes sont « très préoccupés par leur sécurité », et « les quotidiens *El Nacional* et *El Universal* ont dû évacuer leurs bâtiments ». À Caracas , « les partisans du président ont également manifesté devant les chaînes Globovisión et Venevisión » tandis qu'en province les locaux d'une chaîne de télévision « ont été également été encerclés » et que « des slogans hostiles au médias » ont été lancés.
On sait que les seuls journalistes molestés durant toute cette période ont été ceux qui ont respecté la loi démocratique et non ceux dont s'inquiète ici RSF. Mais, plus savoureux, on notera que RSF parle là « du président » et non plus, comme dans son communiqué de la veille de « l'ancien président ». Le vent de l'histoire fait grincer les girouettes.

14 avril 2002 – « La presse absente des kiosques. »
RSF nous informe que « Hugo Chávez a assuré dans un discours qu'il n'y aurait pas de chasse aux sorcières... » mais que « pratiquement aucun quotidien n'est sorti, pour des raisons de sécurité selon les rédactions. »

15 avril 2002 – « Chávez appelle ses partisans à respecter les journalistes. »
Le communiqué nous apprend que « craignant pour leur sécurité », de nombreux journalistes et cameramen de ces deux chaînes ne se seraient pas présentés à leur lieu de travail. Si Chávez est intervenu, c'est qu'il existait des « agressions et menaces contre des journalistes ».

16 avril 2002 – « Nous ne sommes pas des conspirateurs. »
RSF offre une tribune à deux médias qui ont joué un rôle actif dans le coup d'État en publiant, sans le moindre commentaire critique, un long et fumeux plaidoyer du directeur de la chaîne Globovisión, et du propriétaire de Venevisión. Et RSF termine ainsi son communiqué : « Craignant pour leur sécurité, trois journalistes de Venevisión auraient pris le chemin de l'exil. » Bref, les patrons de chaîne s'auto-absolvent dans un communiqué de RSF qui se clôt par une nouvelle pique anti-chaviste.

17 avril 2002 – « Des enquêtes sur l'attitude des médias. »
Là, RSF nous alerte sur l'ouverture d'une enquête gouvernementale et sur des « sanctions auxquelles pourraient être soumis les médias ». Elle qualifie le putsch de « coup d'État éphémère ». Dans son rapport publié en 2003, elle le rétrogradera en « tentative de coup d'État».

18 avril 2002 – « Chávez dénonce le "soutien des médias au coup d'État". »
RSF l'a vu « haussant le ton ».

6 mai 2002 – « Lettre ouverte à la Commission inter-américaine des Droits de l'Homme (CIDH)».
RSF l'enjoint « d'enquêter » sur les « atteintes à la liberté de

la presse et au droit à l'information survenues dans ce pays », non pas pendant le coup d'État (du 11 au 14 avril), mais « entre le 8 et le 14 avril 2002 ». L'astuce permet d'insinuer que c'est Chávez qui avait commencé et qu'il continue. Il est ainsi possible d'attribuer le même degré de gravité à des déclarations – platoniques – d'un pouvoir harcelé et sentant monter le putsch et à la participation active des médias patronaux au renversement armé d'un gouvernement élu. Tant pis pour la suspension de toutes les libertés démocratiques, la censure et l'autocensure. Remarquable également le fait que, dans ce courrier, RSF « recommande » à la CIDH, et par quatre fois, de « condamner » les agissements de Chávez et de ses partisans, et, une seule fois, de s'intéresser au comportement des médias putschistes, pour simplement « enquêter » sur les raisons de leur mutisme quand la situation a commencé à se renverser.

On le voit, tout au long de cette année cruciale où le Venezuela a échappé de justesse à l'instauration d'un régime à la chilienne, RSF va multiplier les communiqués politiquement engagés. En voici encore quelques autres dont les titres suffisent à en révéler l'orientation :

10 juin 2002 – « Le point sur la mort du photographe J. Tortoza » suivi du sous-titre : « Des consignes pour tirer sur les journalistes ? »

9 juillet 2002 – « Une bombe explose au siège d'une chaîne de télévision »

7 août 2002 – « Nouvelles agressions de journalistes »

12 septembre 2002 – « Reporters sans frontières demande l'ouverture d'enquêtes sur les agressions subies par plusieurs journalistes »

13 septembre 2002 – « Une chaîne de télévision régionale cible de cocktails Molotov »

24 septembre 2002 – « Nouvelle agression contre la chaîne Globovisión »

18 novembre 2002 – « Troisième attentat contre la chaîne Globovisión »

21 novembre 2002 – « Reporters sans frontières, préoccupée par les violences contre la presse »

5 décembre 2002 – « Douze journalistes agressés ou blessés lors de manifestations »

Répondant le 12 mai 2003 à Salim Lamrani, qui le questionnait pour son DEA de « Civilisation nord-américaine et littératures post-coloniales », Robert Ménard aura le front de lui dire : « Que des médias aient organisé le coup d'État contre M. Chávez contre toutes les règles de déontologie professionnelle, à Reporters sans frontières, on l'écrit, on le dénonce... »[88] Hélas, à lire les communiqués de RSF, on voit surtout que c'est le gouvernement renversé qui fut dénoncé !

XX
Caracas douche Robert Ménard

Au début de 2006, RSF redouble de virulence anti-vénézuélienne en prenant pour prétexte l'affaire du juge Anderson, tué le 24 novembre 2004 par l'explosion de sa voiture alors qu'il enquêtait sur les auteurs du coup d'État d'avril 2002.

Le 24 janvier 2006, «Reporters sans frontières condamne l'interdiction faite aux médias [...] de publier tout élément de procédure relatif à l'assassinat du juge Danilo Anderson». Le 15 février, elle reproche à la Justice d'interdire «aux médias, à titre de mesure conservatoire, de publier la moindre information relative à l'enquête sur la mort du juge». Le 23 février 2006, elle s'insurge dans un communiqué: «dix médias, dont six télévisions, font pour l'instant l'objet d'une interdiction de publier tout élément relatif à l'affaire Anderson...». Et RSF susurre que tout cela pourrait bien être «l'alibi juridique d'un nouveau règlement de comptes du gouvernement contre la presse privée.» Admirons le retournement: ce n'est pas le gouvernement bolivarien diffamé en permanence qui subit «un règlement de compte», mais la presse privée putschiste, toujours impunie.

Selon RSF, Hugo Chávez a fait voter deux lois hautement restrictives pour la liberté d'expression et la liberté de la presse.

Bien entendu, cette information est aussi fausse que les précédentes. Les lois actuelles sur la presse, tendent à faire respecter la Constitution, le choix électoral des citoyens et la paix civile. Elles sont de même nature que celles dont la France s'accommode sans indisposer RSF. L'une d'elle (loi de responsabilité sociale des médias) vise notamment à fixer des quotas pour la production d'émissions nationales. La même chose n'existe-t-elle pas chez nous, et depuis longtemps déjà ? Quand RSF martèle que la justice interdit de publier « tout élément » et « la moindre information » relative à l'enquête sur l'assassinat du juge Danilo Anderson, elle ment.

Finalement, las de cette campagne de calomnie récurrente et opiniâtre, outré par l'effronterie de RSF, le gouvernement vénézuélien va finir par lui répondre et par clouer le bec de Robert Ménard. Le 1er mars 2006, le ministre de la Communication et de l'Information publie un communiqué pour, dit-il sans ambages dans son sous-titre, répondre aux « derniers mensonges de Reporters sans frontières ». Et le ministère incriminé d'expliquer que RSF est connue pour sa capacité à reproduire, voire à anticiper les opinions émanant du Département d'État des États-Unis contre le Venezuela et contre tout État qui ne s'aligne pas sur les intérêts de l'Empire. Pour valider son rôle de défenseur résolu des intérêts des médias privés, RSF, poursuit le communiqué, reproduit le schéma de manipulation basé sur l'idée qu'ils sont les garants légitimes de la liberté et les gardiens de la démocratie et que l'État doit s'abstenir de toute régulation de son activité. Cette argumentation perverse méconnaît le droit international et la dynamique juridico-démocratique derrière la reconnaissance des droits.

Le ministère précise que l'affirmation de RSF, quant à la censure sur l'affaire Anderson, est « complètement fausse ».

Elle sert de prétexte aux préoccupations de RSF. En vérité, ce sont les actes d'investigations, les documents d'enquête, qui ne peuvent être publiés avant le procès, conformément à la loi vénézuélienne et à celles de la plupart «des pays de l'hémisphère occidental.»

On attend toujours la réaction indignée de RSF à une proposition « à la Chávez » de Dominique Baudis. Le président du Conseil supérieur de l'audiovisuel (CSA), s'est prononcé en avril 2006 pour la création d'un code et d'une procédure prévoyant de sanctions à l'encontre de journalistes qui dérogent aux règles de la déontologie car «certains franchissent la frontière de l'investigation à l'instigation, en visant à orienter la justice, entraînant une relation complexe entre la justice et les médias.» Dominique Baudis, constate que «le secret de l'instruction est systématiquement violé et la présomption d'innocence est le plus souvent bafouée».[89] Le 11 mai 2006, le garde des Sceaux, Pascal Clément, a demandé l'ouverture d'une information judiciaire pour «violation du secret de l'instruction» dans l'affaire Clearstream à la suite des révélations de la presse, une infraction passible de cinq ans de prison et 75 000 euros d'amende. Le Code de la Procédure Pénale stipule en son article 11 que «sauf dans le cas où la loi en dispose autrement et sans préjudice des droits de la défense, la procédure au cours de l'enquête et de l'instruction est secrète». La violation du secret de l'instruction est le fait de «révéler directement ou indirectement» des informations issues «d'une instruction en cours concernant un crime ou un délit», selon l'article 434-7-2 du Code pénal, qui précise que la révélation d'information est punie si elle fait obstacle à la « manifestation de la vérité ». Par ailleurs, l'ancien ministre PS de la Défense, Alain Richard, a mis l'accent sur l'utilisation de «fuites» par la presse. «Toutes les informations qui parviennent en temps réel sur cette information judiciaire sont propulsées par quelqu'un qui n'est pas forcément mu uniquement par l'amour de la vérité », a-t-il poursuivi. S'agissant des documents transmis à la presse, il a relevé que ces derniers n'étaient pas publiés intégralement : « Celui qui sort la fuite et celui qui l'exploite en font quelque chose qui correspond à un choix tactique judiciaire ou un choix éditorial qui sont les leurs et par conséquent celui qui est bout de chaîne, c'est-à-dire, le lecteur, n'a qu'une information incomplète. » Nous avons là, dans notre pays, un responsable des médias, deux ministres, l'un de gauche, l'autre de droite qui ne disent rien de plus que la Justice vénézuélienne. Quel besoin avait RSF d'aller chercher au loin des scandaleuses rétentions de l'information ? Ah oui : ne condamner aucune dérive française, toujours cibler le tiers-monde, lequel, s'il déplaît à l'Empire, est blâmable jusque dans le respect des règles en vigueur chez nous.

XXI
Drôles de stylos rouillés à Venevisión

En novembre 2001, Pedro Carmona, l'éphémère leader putschiste vénézuélien se rend aux États-Unis pour rencontrer, entre autres, Otto Reich, alors adjoint au secrétaire d'État pour les Amériques – et accessoirement mécène de RSF. La coordination du «*golpe*» est en route.

Sur le plan militaire, au plus fort du putsch, le 13 avril, trois navires états-uniens pénètrent dans les eaux territoriales du Venezuela. Par ailleurs, plusieurs hélicoptères survoleront l'île de La Orchila, lieu de détention de Chávez.

La logistique étant assurée, il reste à voir où en est l'argent, nerf de la guerre. Le *New York Times* du 25 avril 2002 révèle que les anti-chavistes ont reçu des dollars de la National Endowment for Democracy (NED), créée et financée par le Congrès des États-Unis. Cet organisme a quadruplé son budget l'année précédente.

L'armée US, les dollars US, que manque-t-il? Le soutien moral et les conseils de stratèges US expérimentés. Selon une dépêche de l'AFP datée du 22 avril 2002 deux officiers états-uniens étaient présents au quartier général de la rébellion pendant les événements.

Pour sa part, Otto Reich, interrogé par *Newsweek*, le 29 avril 2002, reconnaît avoir appelé « à deux ou trois reprises » Gustavo Cisneros (patron de Venevisión) au cours du coup d'État. L'intéressé, lui, ne se souvient que d'un appel. La chaîne de télévision Venevisión ne cesse de faire l'objet des attentions de RSF qui s'est évertuée à de nombreuses reprises à alerter le monde entier sur les menaces que faisait paraît-il peser sur elle Hugo Chávez. Venevisión avait mis des locaux pour des réunions à disposition des comploteurs – dont le futur et très provisoire dictateur Pedro Carmona. Cisnero a ensuite prêté son Jet privé pour évacuer le président putschiste. L'implication de ce média dans la tentative de renversement du gouvernement démocratiquement élu, est démontrée. Malgré cela, sa licence d'émettre ne lui a pas été retirée un seul jour. Parce qu'il fallait faire un geste de réconciliation nationale, passer l'éponge, aller de l'avant et oublier le triste épisode du coup d'État ? Sans doute. Toujours est-il que, fort de l'impunité dont il a bénéficié, Cisneros, ami personnel de George Bush, n'a jamais... désarmé. C'est le cas de le dire. En effet, deux ans plus tard, au printemps 2004, est découverte une cache d'armes dans des locaux appartenant à Venevisión. Son directeur minimisera en jurant qu'il s'agit « d'armes rouillées ». Certes, on en conclura donc que, dans toutes les rédactions des journaux démocratiques, on stocke, non pas des stylos dans les armoires, mais des armes dans des cachettes. C'est l'usage si elles sont « rouillées », et défense de le trouver bizarre. RSF, d'ailleurs, ne le fait pas.

XXII
Télé des putschistes et télé du peuple

Qui doit décider des choix politiques, économiques, sociaux, culturels dans un pays démocratique ? Un richissime patron de chaîne de télévision, intronisé par ses dollars, ou le président élu par le peuple ? Au Venezuela, la réponse a été donnée à l'issue d'un bras de fer entre les médias privés et le gouvernement de la nation.

La chaîne vénézuélienne RCTV (Radio Caracas TV) qui appartient au groupe 1BC bénéficiait pour une durée de vingt ans d'une licence de diffusion par voie hertzienne, venue à expiration le 27 mai 2007. Le gouvernement bolivarien a décidé de ne pas la renouveler, tout en laissant la chaîne libre de diffuser ses programmes par d'autres canaux – câble, satellite. Cette décision a provoqué une virulente offensive anti-chaviste, relayée en Europe par Reporters sans frontières qui a alerté par courrier l'Union européenne – en invoquant au passage un imaginaire vice de procédure. Robert Ménard s'est affiché à Strasbourg aux cotés de Marcel Granier, directeur de RCTV, venu en appeler à l'aide du Parlement européen. Le 15 mai 2007, une alliance majoritaire entre les partis de la droite européenne, PPE, ALDE, UEN avec l'ITS (groupe politique d'extrême droite, notamment de Jean-Marie et Marine Le Pen) a obtenu, contre l'avis de tous les autres partis, qu'une « Résolution du Parlement européen sur le Venezuela » soit inscrite à l'ordre du jour, pour un vote. Lequel est intervenu le 24 mai. Sur 785 députés que compte le Parlement, 65 seulement étaient présents. Le vote a été acquis par 43 voix contre 22. Alors qu'intervenait ce vote piteux, des représentants de RSF étaient dépêchés à Caracas au siège de RCTV et s'employaient à rencontrer la presse anti-chaviste. La vigilance de RSF dans cette affaire est révélatrice de sa maîtrise de la tyrolienne : elle hurle quand les pays pauvres essaient de contrer la puissance médiatique des oligarchies, elle murmure quand leur presse est malmenée par les tenants d'un néolibéralisme unipolaire. Pour preuve, cette association s'accommode de la fermeture ou de la mise sous tutelle de médias, soit pour cause de concentration de capitaux –les exemples abondent–, soit par suite d'occupation de pays par des armées ennemies –Afghanistan, Irak–, soit par mesure préventive –ces trois cas sont traités dans cet ouvrage.

Pour bien comprendre ce qui se joue au Venezuela, il est utile de regarder préalablement ce que peut avoir d'ahurissant le comportement de RCTV et de situer la décision gouvernementale dans son contexte.

Dans un paysage télévisuel où les chaînes patronales occupent presque tout l'espace, il s'agissait de dégager une fréquence pour un nouveau type de chaîne, éducative et culturelle. Le gouvernement vénézuélien a fait valoir que ce non renouvellement n'est pas une mesure extravagante, ni une interdiction de la chaîne. En effet, si des licences sont accordées pour des temps déterminés, sujettes à procédures de reconduction négociées, c'est bien parce qu'elles ne sont pas éternelles – ce qui serait un privilège exorbitant pour le média bénéficiaire. De surcroît, redisons que RCTV pouvait, via le câble et le satellite, continuer à émettre l'intégralité de ses programmes. Faisons le constat que, malgré le comportement – inimaginable en France – de la plupart des chaînes de télévision, Chávez n'a jamais pris la moindre mesure de censure, suspension, fermeture. Pour trouver des exemples où RCTV a connu quelques déboires, il faut remonter à une époque antérieure :

- 1976 : RCTV suspendue pour trois jours pour diffusion de fausses nouvelles.
- 1980 : RCTV suspendue pour trente-quatre heures pour recours au sensationnalisme, noircissement des réalités, relation de faits peu étayés.
- 1981 : RCTV suspendue pour vingt-quatre heures pour diffusion d'une émission à caractère pornographique.
- 1984 : RCTV admonestée pour avoir ridiculisé sous une « forme humiliante » le président d'alors.

Bien entendu, aucune de ces mesures n'avait exagérément ému la profession à travers le monde. Nous n'en ferons pas grief ici à RSF, qui n'existait pas encore. Mais il est pertinent de remarquer que, pour moins que cela, cette ONG épingle depuis des années le gouvernement du Venezuela sans se préoccuper, par comparaison ou pour mesurer la tendance, de ce que fut la liberté de la presse sous les gouvernements précédents. Et sans s'appesantir à loisir sur ce qu'elle fut durant le coup d'État de 2002. Pour l'opposition vénézuélienne, pour les médias qui la soutiennent sans nuance – voire qui la remplacent –, pour le patronat local, pour RSF, la cause unique de ce changement d'attribution de la fréquence jusqu'alors dévolue à RCTV et l'obligation qui lui est faite désormais de diffuser ses programmes par un autre biais, est politique. Exclusivement politique. Si tel était le cas, la mesure semblerait tardive et trop clémente à un observateur français se référant aux lois de son pays et de la plupart des grands pays dits démocratiques. Un peu partout sur la planète, pour un comportement analogue à celui de RCTV durant le coup d'État, la sanction aurait plutôt été une fermeture immédiate et définitive, une saisie des biens, un jugement des dirigeants et/ou propriétaires des médias.

En vérité, si les autorités voulaient « punir » un adversaire politique déguisé en média d'information et de divertissements, le choix était vaste parmi les médias de grande audience ayant joué un rôle actif dans le putsch. 78 % des stations de télévisions en VHF appartiennent à des groupes privés (22 % au secteur public), ainsi que 82 % de celles qui utilisent la bande UHF (7 % pour le secteur public et 11 % pour les services communautaires). Deux mastodontes privés dominent les autres : Venevisión et RCTV. Les deux s'accaparent 85 % des ressources publicitaires de la presse et contrôlent 80 % de la production et de l'élaboration des informations relatives au Venezuela.

Alors, pourquoi RCTV ? Tout bonnement parce que, on l'a dit, c'est la licence de cette chaîne qui arrivait à expiration et que le gouvernement avait besoin de libérer une fréquence pour initier des programmes éducatifs et culturels dans ce pays où l'analphabétisme n'a été que tout récemment éradiqué. Il n'est cependant pas saugrenu d'imaginer que le comportement de RCTV, s'il n'a pas dicté le choix gouvernemental, a facilité la prise de décision, la rendant pour le moins peu cornélienne. Durant le putsch, les informations et la programmation de RCTV ont foulé au pied la Constitution, compromis la paix civile, nié le choix des électeurs, oublié la déontologie journalistique et le droit des citoyens à recevoir une information, sinon impartiale, du moins vraie et non tronquée. Dans un *Livre blanc sur RCTV*[90] publié en mars 2007, le ministère du Pouvoir Populaire pour la Communication et l'Information du Venezuela a recensé près de cent cinquante faits qui constituent des manquements graves aux obligations de toute chaîne de télévision dans le monde. Pour l'essentiel, il s'agissait, pour RCTV, en s'érigeant porte-parole des factieux, de soutenir une opération susceptible de provoquer des troubles sanglants : incitations à des manifestations insurrectionnelles, appel à la démission du président élu, répétition de slogans anti-chavistes comme « *Fuera, fuera* » (dehors, dehors), « *Se va, se va* » (il s'en va, il s'en va), appels à la démission des nouveaux directeurs de PDVSA (compagnie du pétrole remises aux mains de la nation), diffusion des exhortations de Pedro Carmona (chef de putschistes et de Fedecámaras, le syndicat des chefs d'entreprise), diffusion des propos d'un chef félon de la sécurité prévenant que la sécurité de Miraflores (palais gouvernemental) ne serait pas assurée, diffusion des directives des insurgés appelant la foule à marcher sur Miraflores, diffusion répétitive des images montrant des blessés, imputation au président de la responsabilité des violences mortelles, annonce – inexacte comme on le sait – de la démission de Chávez, puis de son arrestation – il était précisé qu'il devra « payer pour les crimes commis » et « planifiés » par lui.

Dans les premières heures du putsch, Chávez, soucieux d'éviter des affrontements, a usé de son droit constitutionnel en s'adressant aux vénézuéliens sur toutes les chaînes. RCTV choisit de couper l'image en deux, une partie pour l'allocution du président, l'autre montrant des manifestants hurlant contre lui, tandis que le bas de l'écran affichait un texte protestant contre la réquisition, qui « viole le droit sacré à l'information du peuple » et qui altère « l'indispensable équilibre et pluralisme politique nécessaire à toute démocratie. » Ce pilonnage va revêtir une intensité frénétique puisque certaines de ces «informations» se succèdent avec des intervalles de trois minutes à peine aux moments forts du «*golpe*». Puis, la situation politique commence à virer. Le peuple est dans la rue, une partie de l'armée se proclame légaliste. Dans la soirée du 13 avril et durant toute la journée du 14, quand l'échec du putsch est évident, la mission sacrée d'information (?) en rafales passe à la trappe. RCTV n'offre aux téléspectateurs avides de suivre les événements que des films, dessins animés, rencontres sportives, entrecoupés de publicité commerciale. Le constat est accablant : la seule censure que la chaîne RCTV a subie depuis l'arrivée de Hugo Chávez au pouvoir lui a été imposée par... elle-même. La seule instance qui lui a interdit d'informer les téléspectateurs siégeait dans ses propres bureaux, tout au sommet de sa hiérarchie. Dans le camp d'en face, on ne souhaitait rien d'autre que la diffusion des nouvelles d'actualité. Et si possible reflétant la réalité.

Comment les ONG ont-elles apprécié le rôle de RCTV et de ses consoeurs privées pendant le putsch ? Elles ont massivement constaté leur activisme politique, les fautes graves eu égard aux lois comme à l'éthique, à la morale, au respect dû aux citoyens. Lisons-en quelques-unes : Consejo para Asuntas Hemisféricos (COHA), 20 décembre 2002 : «Les médias vénézuéliens ne rapportent pas des événements, ils aident à les créer» et COHA dénonce la «scandaleuse contradiction avec tout sentiment de responsabilité professionnelle.» La même, le 10 mars 2003 : «... les journaux et stations de télévision servirent de tribunes aux porte-parole d'extrême droite...» La même encore, le 11 mars 2003 : «Les médias vénézuéliens agirent en vociférant d'une manière peu professionnelle, avec peu d'exactitude et se présentant eux-mêmes, plus comme des adversaires de Chávez que comme des opérateurs neutres et responsables... Quand la grève [lancée par le patronat et qui dura de décembre 2002 à février 2003] entra dans son second mois, les leaders de l'opposition [...] appelèrent les téléspectateurs à ne pas payer les impôts pour saboter le gouvernement».

Human Rights Watch, le 3 juillet 2002 : notant la pleine liberté dont bénéficient les médias pour dire et publier tout ce qu'elles veulent, l'ONG déplore que «la majorité des médias de communication sympathisent clairement avec l'opposition, agissant comme défenseurs de ses positions et employant un langage agressif contre le gouvernement.» La même, le 21 mai 2003 : «Les programmes de nouvelles et des débats ont fait preuve d'une hostilité extrême contre le gouvernement de Chávez.» La même encore, le 1er juillet 2003 : «... la presse a pu exprimer ses opinons critiques sans restrictions. Par suite, nous reconnaissons que son gouvernement ne pratique pas la censure...» Committee to protect Journalist (CPJ) : «Attaques contre la presse en 2002. Amériques : dans les jours qui ont suivi le coup d'État, les quatre principales chaînes privées de télévision couvrirent peu les manifestations en faveur de Chávez. Les vénézuéliens durent se reporter sur CNN, des chaînes colombiennes et espagnoles par câble ou satellite pour avoir des nouvelles sur les protestations.» Centro de Derechos Humanos de la Universidad Católica André Bello (CDH-UCAB) 2002 : après avoir noté que, durant le «*golpe*», les médias ont transmis uniformément la même information sans laisser d'espace à la diversité informative et sans refléter la pluralité politique existante dans le pays, CDH-UCAB raconte ce qu'il advint au procureur général Isaías Rodriguez quand, au début d'une conférence de presse, il déclara que Chávez n'avait pas démissionné et qu'il s'était produit un coup d'État : «Immédiatement, tous les canaux privés cessèrent de transmettre l'événement. Le matin du samedi (13 avril 2002) [...] commencèrent à apparaître sur les écrans des vieux films, dessins animés, feuilletons et reportages sportifs.» Amnesty International, le 10 avril 2003 : en des termes diplomatiques mais néanmoins fermes, l'ONG invite l'opposition, « y compris les médias d'opposition » à contribuer à faire la lumière sur les événements d'avril 2002, « même si les résultats ne coïncident pas nécessairement avec leurs intérêts politiques immédiats. » Comité de Protección a los Periodistas (CPJ), New York, 2003 : « Attaques contre la presse en 2003 : les médias privés continuèrent leur participation sur la scène politique en 2003, promouvant sans aucune objection la plateforme politique des partis d'opposition au détriment du professionnalisme et de l'équilibre de l'information... »

Reporters sans frontières, le 11 avril 2003 : comme pour faire oublier son attitude durant le coup d'État de l'année précédente, et son acharnement constant contre le Venezuela, RSF note quelques anomalies dans le comportement de la presse : « ...Diffusion de spots incitant à la désobéissance civile, retransmission d'appels au soulèvement de l'armée, diffusion de fausses informations... les principaux médias privés font en réalité plus que soutenir la grève, ils y participent à leur manière, au prix d'entorses aux principes les plus élémentaires de la déontologie. Huit mois plus tôt déjà, ils avaient approuvé un coup d'État ayant conduit au renversement, l'espace de quarante-huit heures, du président Chávez. » Coup d'État dont RSF à Paris ne se démarqua guère en qualifiant illico de « président » Pedro Carmona, chef des putschistes – Chávez étant rétrogradé au rang d'« ex-président » – tandis que ses correspondants à Caracas se pâmaient devant la « démocratie retrouvée » grâce aux « militaires vertueux ».

Il est de fait que, loin d'adopter un profil bas après les échecs du putsch militaire et du putsch économique, RCTV – contrairement à Venevisión – poursuivit de plus belle sa tâche de relais de l'opposition extrémiste. Elle dédaigna les remarques des ONG, les protestations de téléspectateurs, celles de ses employés écoeurés par le rôle qu'on leur faisait jouer. Elle rejeta les offres de dialogue de la Commission nationale des télécommunications – CONATEL, équivalent de notre Conseil Supérieur de l'Audiovisuel, le CSA. Pis, elle fit obstinément la sourde oreille aux observations répétées de la CONATEL et de la Direction de la Responsabilité Sociale, y compris sur des questions relatives à l'obligation de respecter la loi sur la publicité pour l'alcool lors de manifestations sportives. Les invitations à venir discuter, dont certaines furent répétées jusqu'à six fois, ont été accueillies par le silence ou traitées par de simples accusés de réception parfois émis après la date de la réunion. L'insuccès des tentatives patientes pour tenir une réunion de conciliation fut total, même quand il a été précisé à RCTV que la Direction invitante était disponible en session permanente. Au cours des années 2005 et 2006, RCTV a ainsi opposé le mutisme du mépris et de la morgue à plus d'une vingtaine de lettres d'observations et d'invitations à s'asseoir autour d'une table. Cette arrogance tranche avec le visage de victime innocente que RCTV présente aujourd'hui à l'opinion internationale. Le loup s'est déguisé en mouton et bêle sa plainte, soutenu par le berger Robert Ménard, en équilibre instable sur ses gros sabots. Les peuples d'Amérique latine ont-ils droit à une information honnête, à la séparation des télés et des partis, à des compléments d'éducation, au respect de leurs choix électoraux, à la prééminence de l'intérêt collectif sur les égoïsmes privés ? C'est de tout cela qu'il était question en mai 2007 au Venezuela. L'Europe pro-états-unienne n'a pas voulu le voir. La position de cette poignée de députés européens – dont plusieurs, dans les couloirs, avouaient que le vote était politique – a de quoi désoler les Français que nous sommes. Au Venezuela, elle ne surprend ni n'inquiète : Caracas et Strasbourg ne boxent pas dans la même catégorie. Ici, un peuple mobilisé écrit avec ses dirigeants des pages inédites d'Histoire, là on mord les talons de qui marche devant.

D'après le site Internet de RSF (28 mai 2007), trente-sept journalistes ont déjà trouvé la mort en 2007 dans les pays suivants : Afghanistan – occupé par l'*US Army* –, Brésil, Chine, Haïti, Mexique, Pakistan, Palestine, Pérou, Somalie, Turquie, Zambie et, bien sûr, en Irak – occupé par l'*US Army* – où le chiffre record est enregistré : vingt-deux morts. Une ONG chargée de défendre les journalistes se devait de réagir, et vite, pour arrêter l'hécatombe. C'est la raison pour laquelle Robert Ménard s'est précipité à Caracas afin d'y donner, le lundi 28 mai 2007, depuis l'hôtel Hilton, une conférence de presse contre le gouvernement du Venezuela. Venezuela où, depuis l'arrivée démocratique de Hugo Chávez au pouvoir, aucun journaliste n'a trouvé la mort ni connu la prison. Mais où la chaîne de télévision RCTV, qui prit part activement au putsch de 2002 – commettant ainsi ces « entorses à la déontologie » furtivement déplorées par RSF – est privée depuis le 27 mai d'un des quatre canaux de transmissions dont elle disposait, lequel canal – hertzien – a été attribué à une nouvelle chaîne, culturelle et éducative dont le Venezuela a tant besoin. RCTV, qui appartient au richissime Marcel Granier, ne cesse de violer la loi. Ménard jure de son impartialité. Nul n'en douterait si quelqu'un avait gardé souvenir d'une de ses conférence de presse à Washington ou dans un autre pays latino-américain – ami des USA – où meurent des journalistes.

XXIII
L'affaire Judith Miller : intox et vengeance

Dans sa réponse pleurnicharde au ministre vénézuélien, RSF chante le couplet de la balance impartiale. Je vous critique, mais j'en fais autant pour vos ennemis : « D'autre part, écrit Robert Ménard, nous avons également condamné l'incarcération, de juillet à septembre 2005, aux États-Unis, de Judith Miller, du *New York Times*, au seul motif que cette dernière avait refusé de révéler ses sources à la justice de son pays »[91]. C'est à la fois vrai, incomplet et chafouin. Essayons de comprendre les motivations de RSF sur ce dossier.

Tout d'abord, qui est Judith Miller ? Entrée au *New York Times* en 1977, âgée de cinquante-sept ans, elle faisait partie de l'équipe de journalistes récompensés du Prix Pulitzer 2002 pour leurs articles sur le terrorisme international. Un jury peu regardant. Elle avait en effet attribué à Ben Laden divers attentats survenus aux États-Unis depuis 1993 ainsi que les attaques à l'anthrax. Elle avait écrit des textes pour attester de l'existence d'armes chimiques et bactériologiques en Irak et avait co-signé un article sur les « tubes en aluminium » de

Saddam Hussein, « preuves » de l'existence d'un programme nucléaire irakien. La journaliste vedette, aujourd'hui déchue, puisait alors ses scoops à deux sources. La première était essentiellement un irakien, Ahmed Chalabi, agent de la CIA et du Mossad, dirigeant du Conseil national irakien qui espérait remplacer Saddam Hussein. On apprendra vite qu'il est un affabulateur pousse-au-crime et un escroc de haut vol. Judith Miller avouera plus tard : Ahmed Chalabi « a fourni la plupart des scoops en couverture sur les ADM à notre journal ». La deuxième est la cellule de propagande du Pentagone qui laissait filtrer des « informations secrètes » pour publications dans un journal choisi. Les autres médias allaient chercher à en vérifier la véracité, interrogeraient les services gouvernementaux émetteurs, lesquels confirmaient, ce qui donnait le vernis de l'authenticité à chaque fadaise. Deux complices et des gogos, la boucle de l'intox était bouclée. L'invasion militaire de l'Irak menée à bien, quelques journaux US recensèrent les principaux mensonges de la journaliste. Dans un article, elle affirma pour se défendre que si les Armes de Destructions Massives n'ont jamais été retrouvées, c'est que Saddam Hussein les avait fait détruire. Bien entendu, aucune preuve ne vint étayer cette nouvelle invention. Et l'on se souvient que, au terme de plusieurs mois de recherches méticuleuses, les Inspecteurs de l'ONU dirigés par Hans Blix n'avaient rien trouvé. Mieux, ces hommes de terrain avaient acquis l'intime conviction que les ADM n'avaient jamais existé. En fin de compte, au mois de mai 2004, le *New York Times* a reconnu son manque de rigueur et a confessé avoir été « intoxiqué » par de fausses informations. Judith Miller a dû quitter le journal. Mais, en attendant, l'opinion publique, bernée, avait approuvé le déclenchement du conflit et vibrait d'un patriotisme nourri au sentiment du bon droit.

Un an plus tôt, en juillet, un éditorialiste conservateur publiait dans plusieurs journaux des articles révélant qu'une certaine Valerie Plame est un agent de la CIA. La divulgation de l'identité des agents secrets est un crime aux USA. Qui a commis celui-ci ? Judith Miller connaît le nom de « Gorge profonde ». Sommée par la Justice de le livrer, elle va refuser et être emprisonnée pour cela quelques semaines. Cet entêtement « déontologique » semble irrationnel quand on connaît son passé journalistique. Comment une journaliste aussi utile au Pentagone et aux républicains bellicistes a-t-elle pu refuser aussi obstinément de livrer à la Justice et, par suite logique, au gouvernement, le nom d'un traître ? Pour le comprendre, il nous faut revenir un peu sur l'agent de la CIA Valerie Plame. Sans éprouver la moindre sympathie pour cette organisation et pour ceux qui y travaillent dans l'ombre – rarement pour des causes humanitaires qui rendraient le monde meilleur –, on peut ne pas approuver toutes les méthodes pour les combattre. Ce n'est donc pas la compassion mais l'éthique qui sera ici invoquée, de celle qui fait défaut aux autorités suprêmes qui chapeautent la CIA. Valerie Plame est l'épouse de Joseph Wilson, ambassadeur états-unien chargé d'enquêter au Niger sur un éventuel trafic d'uranium destiné à Saddam Hussein. Il en revient avec la certitude que ce trafic n'a jamais eu lieu et il l'écrit le 6 juillet 2003 dans le *New York Times*, en accusant l'Administration états-unienne d'avoir procédé à des manipulations pour grossir la menace irakienne. Le nom de sa femme, dénoncée comme agent de la CIA, est jeté en pâture à la presse quelques jours plus tard. Bien que non impliquée dans cette affaire, elle est mise en danger, ainsi que ses éventuels informateurs. À ce stade, on imagine que Judith Miller, qui a si étroitement collaboré avec les faucons du Pentagone et de la Maison Blanche, va considérer qu'il convient de protéger les agents secrets sans lesquels la préparation des guerres est plus difficile. Et ses amis ont besoin de la CIA. Pourtant, elle se tait. L'explication de ce mutisme est simple : le mouchard n'était autre que Lewis Libby, le directeur de cabinet du vice-président états-unien Dick Cheney. Lewis Libby a-t-il agi seul, sans l'assentiment de son chef? Personne ne pouvait le croire à l'époque. Dick Cheney pouvait-il avoir donné l'ordre sans en aviser le président Bush? C'est peu vraisemblable. En avril 2006, la presse du monde entier commence à livrer une information qui n'a rien de surprenant: des éléments donnent à penser que l'ordre de livrer l'agent de la CIA venait de Bush en personne. Dans un document rédigé par le procureur Patrick Fitzgerald, l'ex-éminence grise de Dick Cheney accuse Bush. Il affirme qu'il a discuté avec Judith Miller, après avoir vu le vice-président Cheney. Ce document révèle que «la participation de l'accusé à une conversation cruciale avec Judith Miller le 8 juillet s'est déroulée seulement après que le vice-président eut dit à l'accusé que le président avait spécifiquement autorisé l'accusée à divulguer certaines informations contenues dans le NIE (National Intelligence Estimate), qui est un compte-rendu des services de renseignement.»[92] Judith Miller gardera le secret pendant six semaines sous les barreaux et elle ne se décidera à parler que parce qu'une autre journaliste l'avait fait peu avant. Le 29 septembre 2005, elle sera libérée après avoir tenté jusqu'au bout de cacher la félonie de ses amis capables d'envoyer à la mort un de leurs agents dont le seul crime – du point de vue états-unien – fut d'être l'épouse d'un homme dont l'intégrité dans cette affaire leur a déplu. La Justice de son pays voyait dans son maintien en prison un moyen de pression pour qu'elle signale la source qui avait livré le nom d'un agent secret et qui était peut-être susceptible d'en livrer d'autres. *A contrario*, tous ceux qui redoutaient que cette source, déjà identifiée par la rumeur, le soit par des témoignages irréfutables, s'activèrent pour que Judith Miller, la plume des va-t-en-guerre, la bidonneuse, la diva de l'intox, soit libérée. Ainsi, après avoir proféré tant de mensonges meurtriers, elle pourrait ne pas être obligée de dire une vérité salvatrice. Libérée, elle pouvait continuer à se taire et à protéger les pires bellicistes états-uniens. Parmi les activistes fébriles de sa libération se trouva donc chez nous RSF qui déploya sur ce coup une énergie chichement comptée pour des journalistes tirés comme des lapins par l'armée de Bush ou croupissant dans des lieux de torture externalisés. Libre au lecteur candide de croire qu'en se battant contre une décision de la Justice des USA, Robert Ménard ignorait qu'il protégeait une fois de plus l'Exécutif, c'est-à-dire la fauconnerie US et G.W. Bush lui-même. Libre à d'autres d'être édifiés par cette nouvelle coïncidence. Le communiqué[93] par lequel RSF salue, le 30 septembre 2005, la libération de Judith Miller est manifestement empreint d'amertume. Le titre est mi-figue, mi-raisin: «...une heureuse nouvelle mais un nouveau revers pour le secret des sources.» Puis, après s'être réjouie au passage, mais sans exploser de joie cette fois, RSF, sibylline, rappelle que la journaliste avait «refusé de révéler une source d'information» – traduction: elle n'avait pas dit que le vice-président, approuvé par le président, avait vendu un agent de la CIA. RSF regrette que Judith Miller ait parlé. La formulation – bancale – est même à la limite du reproche: «Bien qu'ayant l'accord de celle-ci, le principe de la confidentialité des sources [...] aura donc été bafoué.» Enfin, on se délecte de ce passage où Valerie Plame devient une «ancienne [sic] agente de la CIA dont l'identité avait "fuité" dans la presse en 2003». Fuité? Comme l'eau d'un vieux tuyau à l'insu du plombier? Non! La phrase juste ne s'écrit pas à la forme passive et son sujet portait un nom: Dick Cheney. Un autre s'y est ajouté au printemps de 2006: G. W. Bush. À quoi tient, Robert Ménard, que vous soyez trop pudique pour l'apprendre à vos lecteurs? Aux dollars transatlantiques?

Et que dire de ce dialogue avec un internaute lors du forum en ligne organisé par le *Nouvel Observateur* le 22 octobre 2004[94] :

– Internaute : *Un journaliste noir américain, Mumia Abu-Jamal est en prison au USA depuis plus de vingt ans pour un crime dont il est innocent. Pouvez-vous préciser l'action que RSF a menée pour sa libération ?*

– Robert Ménard : *Nous n'avons rien fait et nous ne ferons rien. Il ne s'agit pas d'une affaire de liberté de la presse.*

En êtes-vous sûr, Robert Ménard ? Avant son arrestation, Mumia Abu-Jamal était considéré par le FBI comme l'une des personnes « à surveiller et interner en cas d'alerte nationale ». Journaliste de radio apprécié, lauréat de plusieurs prix, il est surnommé « la voix des sans-voix » pour sa critique de la corruption de la police et des dirigeants politiques locaux qui obtiendront qu'il soit licencié. Il devient alors chauffeur de taxi. Le 9 décembre 1981, alors qu'il vient de déposer un client, Mumia Abu-Jamal est grièvement blessé lors d'une fusillade au cours de laquelle un policier sera tué. Au terme d'une enquête orientée et bâclée, il est condamné à mort. Bien ! Un journaliste opposant est à l'ombre. En juin 1999, un ancien tueur à gages avoue avoir tué le policier dans le cadre d'un contrat mêlant police et mafia. Sous un prétexte procédurier, ses aveux ne seront pas retenus. Des comités de soutien se sont constitués un peu partout dans le monde, de nombreux livres ont été écrits, des films tournés. Mumia a été fait citoyen d'honneur de plusieurs villes – dont Paris ; une rue porte son nom à Saint-Denis. Bref, le sort de cet innocent, enfermé 23 heures sur 24 dans une minuscule cellule a ému l'opinion internationale qui a su empêcher par deux fois son exécution, en 1995 et en 1999. Mais l'émotion a trouvé les volets baissés devant le fond de commerce RSF.

XXIV
OSS 117/Robert Ménard à La Havane[95]

Le 20 septembre 1998, Robert Ménard, flanqué d'un de ses collaborateurs parisien, se rend à Cuba. Objectif: recruter pour RSF un journaliste «dissident» dont on lui a dit le plus grand bien. La recrue s'appelle Néstor Baguer Sanchez Gallaraga. Petit homme émacié, volontiers coiffé d'un grand béret, c'est un intellectuel et un journaliste chevronné. Il a fait ses études dans une université états-unienne, il a vécu à New-York et il a gardé des amis aux États-Unis. Parmi eux, Jimmy Carter qui, lorsqu'il était président l'a invité à se rendre aux États-Unis pour donner des cours d'espagnol à l'Université. Membre du Comité Martiano por los Derechos Humanos et de la Corriente Socialista Democrática, groupuscules liés à deux organisations anti-cubaines dirigées depuis l'extérieur: Concertation Democrática Cubana et Plataforma Democrática Cubana, il ne tardera pas à créer L'Agence de Presse Indépendante Cubaine (APIC). Son engagement n'a jamais faibli, même quand il a été victime de tracasseries annonciatrices de possibles ennuis plus sérieux. Amnesty International s'est ému de la confiscation, par la Sécurité de l'État, le 10 juillet 1995 d'un télécopieur dont il se servait pour envoyer ses articles hors de l'île. Heureusement, dès le 18 août, il s'en était procuré un nouveau.

Le rapport annuel 1996 de la Commission Interaméricaine des Droits de l'Homme (CIDH), s'émouvra également des persécutions contre le journaliste :

Néstor Baguer, président de l'Agence de Presse Indépendante (APIC) a été gravement blessé par un inconnu qui l'a roué de coups, lui occasionnant une fracture du poignet et de nombreux hématomes. Les faits se sont produits à La Havane, le 2 mars 1995. Le 11 juillet de la même année, des membres de la sécurité de l'État ont perquisitionné son domicile et saisi un télécopieur et ils l'ont déconnecté du service téléphonique. Quelques jours plus tard, Néstor Baguer a présenté une plainte au tribunal municipal de Plaza pour obtenir la restitution du matériel confisqué ; le greffier du tribunal a toutefois refusé de la recevoir en déclarant qu'elle n'était pas légalement valide.

Néstor Baguer publie des articles mordants pour la RECE (REpresentación Cubana en el Exilio), créée par la CIA dans les années 1960 et dirigée par l'extrême droite de Miami. Il écrit aussi pour la Fondation Nationale Cubano-Americaine (FNCA), également organisation d'extrême droite basée à Miami, fondée en 1983 par Ronald Reagan, étroitement liée à la CIA et au Département d'État. La FNCA a été particulièrement efficace, au Nicaragua, dans le soutien à la «*contra*» qui fit chuter le gouvernement de Daniel Ortega en février 1990 et qui a replongé ce pays dans la misère, l'analphabétisme et la soumission aux oligarchies nationales et étrangères. Elle a financé la préparation et/ou l'exécution de nombreux attentats terroristes contre Cuba, visant des centres industriels et des points de concentration de touristes, la raffinerie de Cienfuegos, la centrale thermo-électrique de Matanzas et le cabaret Tropicana, dans l'ouest de la capitale. Le 4 septembre 1997, un jeune touriste italien, Fabio Di Celmo se trouve dans le hall de l'hôtel Copacabana lorsqu'une bombe explose et le tue. Deux autres hôtels ont été aussi la cible d'attentats au plastic pratiquement au même moment. Oui, à l'évidence, Néstor Baguer offrait toutes les compétences pour aller grossir les rangs des «journalistes indépendants» promus par Robert Ménard.

À peine débarqué de l'aéroport José Marti, OSS 117/Robert Ménard loue une voiture haut de gamme et va déposer ses bagages à l'hôtel Nacional, établissement luxueux qui reçoit des visiteurs de marque et fortunés. Puis, il fonce discrètement vers la modeste maison d'un honorable correspondant, un «dissident» qu'il a contacté depuis Paris pour organiser la rencontre. Prévenu, Néstor Baguer est au rendez-vous, pressé de rencontrer ce héraut de la Liberté venu tout exprès pour le voir depuis la patrie des Droits de l'Homme. Cependant, le dicton et les films d'espionnage l'attestent, les murs ont des oreilles. Prudent, Robert Ménard refuse donc de discuter dans la maison de son contact et il embarque Néstor Baguer dans la voiture. Ainsi, il est assuré que ce qui va se passer ne pourra jamais être connu. Et c'est tant mieux car, à le voir agir, on dirait bien qu'il est un espion d'une puissance étrangère et non le représentant d'une ONG. Tous deux s'assoient à l'arrière du véhicule, l'autre français faisant office de chauffeur. Les conspirateurs parcourent ainsi le quartier de Vedado, le temps nécessaire pour faire connaissance et pour arrêter les modalités et les conditions de leur future collaboration. Néstor Baguer étudie discrètement son interlocuteur. La coupe de ses habits, la grosseur de sa voiture, l'hôtel où il est descendu, attestent que l'homme est un paquet de dollars ambulants. Quant à sa conversation, elle révèle assez bien ce qu'il est et ce qu'il veut: cassant, il est là pour donner des instructions, dicter ce qu'il faudra faire, pas pour écouter. C'est la première fois qu'il vient ici, mais il explique doctement à Néstor Baguer le problème racial cubain et autres choses de ce tonneau. Baguer écoute poliment. On l'a dit, il connaît bien les USA et il sait ce que racisme veut dire. Il vit dans un pays métissé, à cent cinquante kilomètres d'un Empire où le taux de mariage mixte n'atteint pas 1 %. Mais il se tait. Il sera toujours temps, plus tard, si RSF lui commande un article sur ce sujet, de le développer, de manière à grossir les derniers et réels vestiges d'un racisme séculaire hérité du colonialisme, sans pour autant déchoir jusqu'au mensonge pur. Néstor Baguer est prêt à faire beaucoup de choses pour ses idées, mais pas à perdre sa propre estime par ses écrits. Enfin, Robert Ménard en vient au fait : les informations anticubaines propagées en Europe par RSF proviennent de Miami. Il veut une source directe, un correspondant particulier dans l'île afin d'accroître la fiabilité de ses dossiers. Et peut-être aussi d'en déterminer la teneur. Au bout d'une heure, ils se séparent. Un nouveau rendez-vous sera pris plus tard par téléphone, mais pas chez le « dissident » qui les a déjà accueillis. Les règles de la guerre de l'ombre sont strictes. Quelques jours plus tard, Néstor Baguer reçoit un appel : il devra se rendre dans un parc du quartier de Vedado à une heure déterminée et il s'assoira sur un banc pour attendre qu'on lui remette un colis. Le journaliste dissident est surpris par ce luxe de précautions paranoïaques qui n'est pas de mise quand les journalistes de son obédience se réunissent. Néanmoins, il ne discute pas et il sera ponctuel au rendez-vous. Il patientera à peine quelques minutes avant de voir arriver son nouveau contact. C'est le mentor de Robert Ménard, qui lui remet furtivement un paquet et qui file sans s'attarder. Les parcs ne sont-ils pas truffés de caméras, voire de micros dissimulés dans les fleurs et de flics déguisés en jardiniers, en étudiant boutonneux, en mères de famille ou en vieillards claudiquant dont le faux sonotone est directement relié au bureau de Fidel Castro ? De retour chez lui, Néstor Baguer ouvre le paquet. Il s'agit d'un ordinateur portable dans son emballage d'origine. Le président de l'Association des Journalistes Indépendants va pouvoir écrire sur son pays, les articles que RSF aime lire.

XXV
Un dissident très – trop – scrupuleux

Néstor Baguer va se consacrer à cette tâche avec une conscience digne d'éloges. Fin lettré, non seulement il est capable de proposer des articles anti-cubains bien écrits, mais l'intelligence est au rendez-vous de sa prose. De plus, il veille soigneusement à la crédibilité des écrits des « journalistes indépendants » qu'il chapeaute. Le problème qu'il rencontre en effet est celui de la vénalité. Plus un article est sensationnel et accusateur, plus les journaux de Miami, via la Section des Intérêts Nord-Américains (la SINA, ersatz d'ambassade) à La Havane le paient cher. De nombreux articles vont alimenter les émissions de Radio Marti, qui émet depuis Miami vers Cuba sur des fréquences qui ne lui sont pas attribuées, en contravention aux règlements de l'Union Internationale des Télécommunications et en violation de l'espace radioélectrique cubain. Créée en 1985 à l'initiative du président Reagan, cette radio pirate bénéficie d'un budget gouvernemental de plusieurs dizaines de millions de dollars. C'est la seule radio US qui déroge à la loi sur l'interdiction de financement d'un média par l'État. Son objectif est le renversement du gouvernement cubain. Elle déverse mille deux cents heures d'émissions hebdomadaires sur l'île. On a pu y entendre des appels à la subversion intérieure et à commettre des sabotages.

À Cuba, où le salaire moyen ne dépasse guère quinze dollars, un « journaliste indépendant » peut encaisser sans trop de mal entre cinquante et cent dollars mensuels, ce qui le dispense, avec sa famille, de se livrer à tout autre activité salariée. Du coup, des petits malins se décrètent journalistes sans avoir jamais auparavant écrit une ligne, voire sans être familiers de la syntaxe. Les « Agences de presse indépendantes » prolifèrent, parfois formées du père, de la mère et du fils auto-promus « journalistes » du jour au lendemain. L'effet pervers est que la course aux dollars entraîne une surenchère dans les diatribes antigouvernementales, des récits de faits spectaculaires mais inventés, des interviews bidonnées. Peu importe, la plupart des bobards, dès lors qu'ils sont politiquement conformes aux desiderata des payeurs, sont acceptés et propagés. Mais Néstor Baguer entend prouver que dissidence et éthique peuvent co-exister. Et là, il va rapidement commencer à décevoir.

D'abord, c'est son refus d'articles trop invraisemblables qui surprend. C'est nouveau ! À un « journaliste » improvisé qui espère bien palper un paquet de billets verts en décrivant une émeute populaire réunissant dix mille personnes à l'angle de deux rues à Manzanillo pour cause de déménagement forcé d'une famille par la « dictature castriste », Baguer fait préciser les circonstances. Il apparaît très vite que l'étroitesse des lieux ne permettait pas un tel rassemblement, que l'incident était en fait dû à un transfert illicite de logements et que seuls les locataires concernés avaient râlé dans la rue. Ayant dégonflé l'émeute, Baguer met le papier au panier. Mais il fait pire. En même temps qu'il fournit Paris et Miami en articles critiques contre son pays, il n'hésite pas à se déplacer pour vérifier certaines des informations qui transitent par lui. Un jour où lui est soumis un article sur une grève de la faim politique, il se rend à l'improviste sur les lieux, dans le quartier de Santo Suárez, et tombe sur des « grévistes » joyeusement attablés. Tout était faux et Néstor Baguer se désole d'autant plus de ces avalanches de mensonges, que RSF s'impatiente et lui donne en exemple ce qu'écrivent ses confrères. Or, s'il a bien accepté de produire, contre des dollars, des informations tendancieuses, il entend cependant ne pas perdre son âme. Il s'irrite de voir Paris lui indiquer quels thèmes il doit aborder dans son prochain article. Mais surtout, RSF ne tarde pas à lui reprocher d'être trop modéré. De leur côté, les états-uniens s'étonnent qu'il ne traite pas Fidel Castro d'assassin dans ses textes. Néstor Baguer écrit en effet : « Le président de Cuba, monsieur Fidel Castro », alors que d'autres écrivaient « le dictateur ». L'attaché culturel US fera un constat : « Monsieur Baguer, vous ne haïssez pas Fidel Castro ». Néstor Baguer confirme. La haine est-elle nécessaire ? Il invoque son bagage culturel, son éducation, son style journalistique. Il y a des mots, monsieur, qu'il n'emploie pas. Il rappelle qu'il est « membre de l'Académie de la Langue et qu'il ne peut pas écrire d'insultes ». Quand Jimmy Carter est venu en voyage officiel à Cuba, il a tenu à dîner avec son ami Néstor Baguer. Est-ce que Carter traite Castro d'assassin ? Non. C'est donc simple : insulter l'Autorité, c'est chercher des ennuis et ne plus pouvoir travailler. De plus, fort de son statut d'intellectuel et de son appartenance à l'Académie, il ne saurait tolérer qu'un fonctionnaire retouche un de ses articles. À Paris, on trouve cet intellectuel bien mou et les relations commencent à se tendre. Les patrons de RSF doutent à présent de disposer du *right man at the right place*. De son côté, Néstor Baguer note l'escalade dans les commandes qui lui sont faites. Il lui faut maintenant s'informer sur la présence éventuelle de dissidents dans la police et dans les forces armées. S'agit-il là d'une curiosité d'une ONG ? Plutôt d'une agence de presse, et peut-être même d'une agence de renseignements. Il lui semble que la CIA lui aurait posé la même question. Pas Amnesty International, pas la Croix Rouge, pas la Ligue internationale des Droits de l'Homme, pas l'Unicef ou Médecin sans frontières.

Cependant, l'argent afflue. Néstor Baguer le perçoit chaque mois par retrait avec sa carte Transcard. Il garde ce qui lui revient (cent dollars mensuels, soit deux fois la paie d'un ministre cubain) et distribue le reste en fonction du travail des « journalistes » qu'il chapeaute. Quand l'article déplait, il n'est pas rétribué par les commanditaires. Plus la charge anti-cubaine est rude, plus elle rapporte. Les USA regardent le travail de Néstor Baguer avec sympathie. Il a fait son chemin depuis sa rencontre avec Robert Ménard jusqu'à être reconnu par la presse internationale comme l'un des plus éminents leaders de la dissidence. Très vite, ils lui délivrent un laissez-passer permanent qui lui permet d'entrer à sa guise dans les locaux de la Section des Intérêts Nord-Américains (SINA) de La Havane. Il y rencontre Gene Bigler, l'attaché culturel qui le présente à son chef, Joseph Sullivan. Les trois sont en phase, ils parlent la même langue, connaissent les mêmes endroits aux USA, servent la même cause. Le Cubain leur soumet des dizaines d'articles émanant des « agences de presse ». Triées, corrigées, les copies sont conformes aux intérêts de l'Empire et à ses desseins dans l'archipel des Caraïbes. La SINA y veille.

Chacun est bien conscient que ces activités tombent sous le coup de la loi cubaine 88 dite de « protection de l'indépendance nationale et de l'économie de Cuba ». En interdisant « le travail de concert avec une puissance étrangère dans l'objectif d'ébranler le gouvernement cubain », la Justice de l'île ne se distingue d'ailleurs pas de celle des autres pays, notamment pas de celle des États-Unis dont le Code pénal (art 18, §951) précise que « toute personne qui accepte d'opérer à l'intérieur des États-Unis sous la direction ou le contrôle d'un gouvernement étranger sera inculpé de crime et risque une peine de dix ans de prison ». Dans son article du *Monde Diplomatique* de février 2004, l'écrivain cubain René Vázquez Díaz, constate que la Suède, son pays d'adoption, « condamne à un maximum de deux années d'emprisonnement (Code pénal, chapitre 19, article 13, sur les délits contre la sécurité de l'État) celui qui perçoit de l'argent ou d'autres dons d'une puissance étrangère ou de quiconque agit dans l'intérêt de celle-ci, afin de publier ou diffuser des écrits, ou d'influencer de quelque façon que ce soit l'opinion publique en ce qui concerne l'organisation interne de l'État ». La Suède punit également (art. 8) « celui qui propage ou transmet à des puissances étrangères ou à leurs agents des informations inexactes ou tendancieuses, dans le but de créer des menaces pour la Sécurité de l'État ». Et, comme délit de haute trahison, la paisible Suède, qui ne se connaît pas d'ennemi, punit « celui qui constitue une menace contre la sécurité de l'État pour avoir utilisé des moyens illégaux avec l'appui d'une puissance étrangère, à dix ans de prison ou à la réclusion criminelle à perpétuité. »

Quant au Code pénal français, il stipule en son article 411-6 : « Le fait de livrer ou de rendre accessibles à une puissance étrangère, à une entreprise ou organisation étrangère ou sous contrôle étranger ou à leurs agents, des renseignements [...] de nature à porter atteinte aux intérêts fondamentaux de la nation est puni de quinze ans de détention criminelle et de 225 000 euros d'amende. » Il ajoute en son article 411-10 : « Le fait de fournir, en vue de servir les intérêts d'une puissance étrangère [...] des informations fausses de nature à [...] induire en erreur et à porter atteinte aux intérêts fondamentaux de la nation est puni de sept ans d'emprisonnement et de 100 000 euros d'amende. » Enfin, quand RSF se montrait curieuse sur les éventuels maillons faibles dans la police et dans l'armée cubaine, elle faisait fi de ce que l'article 411-4 de notre propre Code pénal prévoit en la matière : « Le fait d'entretenir des intelligences avec une puissance étrangère, avec une entreprise ou organisation étrangère ou sous contrôle étranger ou avec leurs agents, en vue de susciter des hostilités ou des actes d'agression contre la France, est puni de trente ans de détention criminelle et de 450 000 euros d'amende. Est puni des mêmes peines le fait de fournir à une puissance étrangère, à une entreprise ou une organisation étrangère ou sous contrôle étranger ou à leurs agents les moyens d'entreprendre des hostilités ou d'accomplir des actes d'agression contre la France. »

Néstor Baguer, lui, n'ignore pas comment les États, dont le sien, se protègent. Il sait que, compte tenu des rapports de guerre larvée entre les USA et Cuba, de la possibilité d'une invasion impromptue sans cesse promise et qui n'attend que le bon prétexte, la loi cubaine s'appliquera dans toute sa rigueur. Il est assez érudit pour savoir aussi que, dans quelque pays du monde que ce soit, à contexte égal, il en serait ainsi. Il se demande *in petto* comment RSF, une organisation censée défendre la liberté des journalistes peut financer des articles bidons, imposer les sujets à traiter, les refuser à sa convenance, réprimander les auteurs dont la virulence n'est pas adapté aux enjeux politiques. Il voit les gens de la Section des Intérêts Nord-Américains (SINA) dicter les sujets à ceux qu'il appelle les « handicapés mentaux, les pseudo-journalistes ». Pis, il voit ces derniers, lorsqu'ils ont pondu leurs textes, aller les faire réviser à la SINA avant de les transmettre, au cas où quelque chose ne conviendrait pas politiquement. S'ils étaient approuvés, on les transmettait. Et les amours s'étiolent entre

RSF et lui. Au fil des mois, la tension ne cessera de grimper avec ses commanditaires parisiens. Finalement, ils renonceront à ses services. *Exit* Néstor Baguer ? Pas tout à fait. L'histoire de ce collaborateur scrupuleux et indocile va en effet connaître un spectaculaire rebondissement[96].

XXVI
L'agent secret Octavio démasque Néstor Baguer

En mars 2003, la Justice cubaine a lancé une vague d'arrestations «pour conspiration, activités subversives et collaboration avec la mise en place du blocus imposé par Washington». Dans le lot des personnes interpellées il s'en trouva douze qui étaient en réalité des agents infiltrés de la sécurité de l'État cubain. Parmi ces «taupes», l'agent Octavio.

L'agent Octavio est un petit homme émacié, volontiers coiffé d'un grand béret, journaliste chevronné, intellectuel qui a fait ses études aux États-Unis, membre de l'Académie de la Langue, ami de Jimmy Carter, bref, un loustic dans lequel nous reconnaissons... Néstor Baguer. Depuis plus de quatre ans, Octavio/Néstor Baguer tenait informé le contre-espionnage cubain du développement du «journalisme indépendant», de la corruption de ses compères par l'ennemi, des agissements de Reporters sans frontières et de ses exigences. Quand, en jouant au James Bond, il recruta ce collaborateur «anti-castriste» et lui fit une démonstration de l'application des règles de clandestinité, Robert Ménard ne savait pas que l'autre, authentique agent secret depuis vingt-cinq ans, riait sous cape.

À La Havane, Néstor Baguer persifle et se répand en interviews : « Dès que j'ai créé l'Agence de Presse Indépendante de Cuba [l'APIC à laquelle participera Raùl Rivero[97] qui a été arrêté en mars 2003 et qui vit aujourd'hui en Espagne], j'ai reçu les félicitations de Miami ainsi que d'autres témoignages d'amour et de sympathie. Ils me considéraient comme le meilleur des patriotes. Reporters sans frontières faisait mon éloge partout et m'envoyait de l'argent. C'était incroyable. Par exemple, rigole Octavio, j'ai reçu de RSF du matériel et « mille dollars pour financer le "Bureau de presse" ». Quand Salim Lamrani l'interroge en mai 2003[98], Robert Ménard, alors que la supercherie de Néstor Baguer a été dévoilée, persistera, dans son incomparable style hasardeux et abscons, à se vanter de ses liens avec la presse « indépendante » cubaine. Lisons : « Écoutez, le nombre d'articles qui sont repris dans la presse internationale, ces gens de la presse indépendante cubaine qui sont cités par la presse internationale, ce qui traduit que cette presse internationale, qui ne serait pas intéressée par des articles signés que par des opposants. Le fait qu'ils les reprennent marque une amélioration. Quant à dire qu'elle est manipulée par les uns et les autres, c'est une absurdité. Nous avons plus de liens avec la presse indépendante cubaine que le gouvernement des États-Unis » [sic].

Quant à Baguer, on lui apprend qu'un article de Reuters, reproduit par le *New-York Times* le 10 avril 2003, le qualifie désormais de « supposé journaliste » (*Alleged journalist*, exactement). Il feint alors la naïveté : « Comme c'est curieux ! Quand j'étais un "dissident", la presse nord-américaine ne m'a jamais appelé "supposé journaliste". Ça ne serait jamais venu à l'esprit de personne. » Et il propose tout de go à l'interviewer de lui fournir une copie de son diplôme de journaliste pour « mettre un terme à cette rumeur »[99].

À Paris, dans les locaux de RSF, c'est la consternation. Le mieux est de ne pas ébruiter l'affaire. Le rapport 2004 de l'ONG fera allusion à Néstor Baguer, mais en taisant que Robert Ménard était allé le recruter sur place et que RSF le payait depuis des années. Quand, le 22 octobre 2004, Robert Ménard est l'invité du forum en ligne organisé par le *Nouvel Observateur*, il sera questionné ainsi par un internaute :

– *Pouvez-vous nous dire si vous avez rencontré M. Néstor Baguer Sanchez à Cuba et ce que vous lui avez demandé ?*

Piteuse et lapidaire réponse de Robert Ménard :

– *Ce monsieur a été notre correspondant plusieurs années avant que nous nous séparions de lui. Une bonne chose puisqu'il s'est avéré qu'il était un agent de la police politique. C'est lui-même qui l'a déclaré lors du procès de 75 dissidents au printemps 2003.*

Au mois de mars 2006, sur son site et sous le titre « Cuba : le printemps noir, 3 ans après », où tout ce qu'il faut savoir sur le sujet est rapporté avec force détails, ces liens mercantiles de RSF et de Baguer seront tus : « Le ver est en fait dans le fruit dès l'apparition de l'APIC, en 1992, dont deux des fondateurs, Indamiro Restano et Néstor Baguer alias "Octavio", se révéleront être des agents de la Sécurité de l'État, la police politique. » Un ver que RSF a recruté, équipé, nourri, engraissé, conseillé, couvert de dollars quand elle le prenait pour un mercenaire travaillant contre son pays, écrivant n'importe quoi pourvu que l'Empire en soit satisfait. Mais ces détails ne seront même pas évoqués. Cachez ce sein que je ne saurais voir...

Ainsi donc, RSF fait campagne contre un petit pays indépendant grâce à des articles abracadabrants, non vérifiés, des fictions fournies par des agents secrets du gouvernement et par des chasseurs de dollars.

Les informations erronées publiées ne sont pas rectifiées quand les agents se dévoilent. Et pourquoi donc ? Parce qu'elles contribuent à dessiner l'image négative d'un pays sur lequel RSF s'excite prioritairement depuis des années et qui exaspère les dirigeants états-uniens par son fier refus de devenir la cinquante et unième étoile de leur bannière ?

XXVII

RSF n'aime pas… les USA

Accusée de toutes parts de se polariser sur Cuba, épine inexpugnable dans le talon de l'Empire, RSF va nier l'évidence. Le 6 juillet 2005, sous le titre «Pourquoi s'intéresser autant à Cuba?»[100], son site va bredouiller un salmigondis aberrant. Après avoir avoué d'emblée: «Cuba est, il est vrai, l'une de nos priorités», l'article pose la question: «Reporters sans frontières réserve-t-elle un traitement particulier à Cuba?», y répond par… la négative (!), contredisant sans scrupule son secrétaire général qui se vantait du contraire en 2001 dans son livre: «Depuis 1996, notre investissement sur Cuba a été colossal, en termes financiers comme en énergie» (p.113). Et encore: «L'été 2000, nous avons monté une campagne agressive contre Cuba et la Tunisie» (p. 162). Après quoi, RSF jure qu'elle «dénonce les violations de la liberté de la presse partout dans le monde, sans considération idéologique ou politique», mais elle en voit d'abord à Cuba, déplore qu'elles soient «passées sous silence» par les «*aficionados* de Fidel Castro [qui] lui trouvent des circonstances atténuantes et font preuve d'une indulgence complice.»

On le constate, l'*agressive* RSF s'use dans les efforts *colossaux* contre une cible *prioritaire*, mais sans lui réserver un *traitement particulier*! D'ailleurs, certifie l'organisation, il suffit de compter nos communiqués qui prouvent bien que nous n'aimons pas davantage les USA. Et le lecteur est invité à croire que ce pays serait en effet pareillement épinglé – sans être «cible prioritaire» pour autant, contrairement aux journalistes *non embedded* en Irak qui, eux, le sont pour de bon, au bout des viseurs de l'armée d'occupation. Et pour preuve de bonne foi, l'article va recenser les communiqués passés, consacrés aux USA. Hélas, le chiffrage pur – qui penche d'ailleurs numériquement en défaveur de Cuba – n'est pas significatif. Car il convient aussi d'en comparer la longueur et la teneur.

Analysons trois communiqués parus sur une courte durée (septembre-octobre 2005 et faisant suite à ce plaidoyer *pro domo* de RSF) dont un seul ici concerne Cuba et deux les USA:

- Communiqué de RSF (2 septembre 2005) qui rapporte que l'armée US confesse avoir ouvert le feu sur deux journalistes de Reuters: 1597 signes.
- Communiqué de RSF (4 octobre 2005) pour demander aux USA de relâcher cinq journalistes détenus en Irak: 1839 signes.
- Communiqué de RSF (6 octobre 2005) sur un «journaliste» cubain qui fait la grève de la faim: 7574 signes.

Addition: contre l'occupant qui emprisonne cinq journalistes étrangers à des milliers de kilomètres de son territoire et qui tue des correspondants de presse: 3476 signes en tout. Et plus du double sur une grève de la faim à Cuba. On dira: un texte court peut être cinglant. Voyons cela.

Les sous-titres de l'article sur Cuba suffisent à nous éclairer. Ils semblent avoir écrits pour Guantanamo et Abou Ghraib: «La mort, seul soulagement» et «Abus et humiliations». En vérité, contrairement à Guantanamo, on ne meurt pas dans les prisons cubaines et quand Amnesty International publie un rapport sur la torture (2003), on trouve sur son site à la page « Torture, continent américain », vingt-deux pays répertoriés : Argentine, Bahamas, Belize, Bolivie, Brésil, Canada, Chili, Colombie, Équateur, États-Unis, Guyana, Haïti, Honduras, Jamaïque, Mexique, Nicaragua, Paraguay, Pérou, Suriname, Trinité et Tobago, Uruguay, Venezuela. Il semble que la « priorité » de RSF n'y soit pas. Bien entendu, il ne se passe pas une année sans qu'un rapport d'Amnesty international ne constate des cas de torture aux USA et dans des portions de territoire que l'Empire domine. Mais, chut, là aussi, « cela ne nous re-gar-de pas ». Et voici comment RSF s'exprime dans les textes cités plus haut où il s'agit de l'ami US : l'appel de RSF à Rumsfeld pour la libération des cinq journalistes en Irak n'est pas lancé au nom de la justice, de la démocratie, de la liberté de la presse, mais du « pardon en ce mois de ramadan ». Le pardon ? Ils sont donc coupables ? D'où Robert Ménard tient-il cette conviction ? De personne, mais il importe de différencier les innocents prisonniers caribéens des individus incarcérés par l'armée états-unienne. Pour RSF, ce n'est pas la reconnaissance de leur innocence qui devrait faire libérer ces derniers – la question de leur culpabilité ne se pose même pas –, mais un geste de mansuétude qui ne surprendrait pas de la part du géant débonnaire. Quant aux tirs sur les reporters de Reuters, objet du premier communiqué, RSF déplore, quoi donc, le canardage ? Non, que l'armée états-unienne ait mis « une semaine avant de reconnaître l'*incident* » – ce n'est donc pas un crime de guerre –, qu'elle n'ait pas « présenté ses excuses » RSF, très échauffée mais surtout efficace dans le choix des mots, quémande la « condamnation du responsable » – pas du « coupable », nuance. Enfin, ultime et grotesque rodomontade, l'organisation ménardienne appelle les soldats « à faire preuve de discernement » pour en finir avec leur « manque de perspicacité ».

Bref, RSF n'a aucun parti pris. D'ailleurs, c'est par étourderie qu'elle publie dans des magazines des pleines pages de pub contre Cuba, qu'elle a occupé les locaux de l'Office de tourisme cubain à Paris le 3 avril 2003, qu'elle a organisé le 29 septembre 2003, au théâtre du Rond-Point des Champs-Elysées, une soirée anti-cubaine présidée par l'écrivain Jorge Semprun accompagné de Catherine Deneuve, Pierre Arditi, Pedro Almodovar, Ariane Ascaride, Benjamin Stora..., qu'elle a ourdi une spectaculaire manifestation devant l'ambassade de Cuba à Paris le 2 avril 2004, munie de chaînes pour cadenasser les grilles. C'est par souci de transparence mâtinée d'authenticité qu'elle invite les internautes qui fréquentent son site en mai 2007 à signer sous leur nom *ou sous pseudonyme* une pétition adressée à Fidel Castro[101]. Le 15 juin 2004 à l'hôtel Intercontinental de Paris une autre sauterie de RSF sur le même thème réunissait Juliette Binoche, Sophie Marceau, Renaud, Maxime Leforestier, Claude Chabrol, etc.[102] C'est probablement par espièglerie que RSF a procédé à des affichages anti-cubains sur la voie publique, qu'elle a traficoté la célèbre photo du Che pour le déguiser en CRS tapant sur le peuple, qu'elle a fait diffuser des messages publicitaires contre Cuba à la radio et des clips à la télé. Et si, le 10 octobre 2005, une poignée de manifestants rameutés par RSF et déguisés en bagnards dotés de gamelles occupaient le trottoir devant l'Unesco à Paris tandis qu'à l'intérieur un ministre cubain faisait entendre la voix des pays pauvres, c'était seulement de l'humour. Une manière d'autodérision par laquelle Robert Ménard affichait ses liens de parenté avec Averell Dalton.

Pour finir ce florilège de preuves de la neutralité de RSF et de son absence d'ingérence dans les domaines qui sont hors de sa compétence, citons le journal états-unien *El Nuevo Herald* du 20 janvier 2004. Ce journal rapporte les propos tenus à Miami par Robert Ménard devant le gratin de la droite et de l'extrême droite[103] qui rêvent d'une Cuba enfin domptée : « N'a-t-on pas bloqué l'accès aux comptes que les terroristes avaient dans les banques européennes. Pourquoi ne peut-on pas faire cela dans le cas de Cuba ? » Excellente idée d'étranglement, en vérité, qu'il faudrait étendre à des dizaines d'autres pays, en premier lieu la Chine, dont RSF répète qu'elle est « la plus grande prison du monde pour journalistes » – quand elle n'attribue pas ce record à Cuba. Mais cela n'est pas fait. Tiens, pourquoi ? Faut-il trouver l'explication en étudiant cette dépêche de l'AFP (19 avril 2006) : « Le président chinois Hu Jinatao, était attendu hier après-midi aux États-Unis pour une visite de quatre jours visant à améliorer les relations sino-américaines, mais qui risque de mettre en évidence les frictions sur les questions commerciales et monétaires ainsi que sur l'Iran. » Pas un mot sur la liberté de la presse et sur la démocratie. On dirait bien que les USA composent avec ce géant et même qu'ils n'ont aucun plan d'invasion dans l'immédiat. Et vous voudriez que Robert Ménard exige le blocage de ses comptes, s'enchaîne aux grilles de son ambassade, se déguise en bagnard, exige des sanctions par l'Europe ? Au printemps 2005, Reporters sans frontières a fait diffuser un clip où l'on voyait des gens sur une plage. Le rectangle de l'image s'arrondissait vite en œilleton de porte de cellule. Une campagne pour la liberté d'expression en Chine ? Que nenni ! L'image devenait entièrement noire. Ah ! Le tombeau où l'armée US a envoyé pas mal de journalistes ces dernières années ? Re-que nenni ! Non, l'œilleton, le noir sépulcral, c'est Cuba, « pays sans presse » mais où, paradoxalement, le peuple sait ce qui se passe chez lui et dans le monde. Le clip est réalisé par TBWA, troisième groupe français de communication, propriété du groupe états-unien Omnicom qui compte 237 agences dans 75 pays. TBWA est dirigée depuis New York par le Français Jean-Marie Dru. Un homme modeste, un défenseur des Droits de l'Homme et un partisan de l'information vraie. Le magazine l'*Expansion*[104] nous le confirme: à New York, ses enfants fréquentent le lycée que fréquentaient les enfants du RMiste Jean-Marie Messier, P.D-G de Vivendi. Il a fondé l'agence BDDP – qu'il a vendue à TBWA – où les employés s'entendaient dire « si tu ne viens pas travailler le dimanche quand on te le demande, inutile de revenir le lendemain ». En Afrique du Sud, il organisa une file d'attente en payant des figurants devant les guichets d'un championnat de cricket et il diffusa la rumeur d'une pénurie de billets. Tout fut vendu en quelques heures.

Quelqu'un a-t-il envie de faire l'amalgame: RSF, USA, argent, mépris des peuples, tromperie? Non, puisque RSF, dont on a vu qu'elle est une ONG désintéressée, qui dit toujours la vérité, n'aime pas plus que ça les USA. La preuve, cet échange avec un internaute lors du premier forum du *Nouvel Observateur*:

– Internaute: *J'estime que les médias français sont outrancièrement anti-Bush. Ne croyez-vous pas qu'il serait bon que certains se limitent aux faits*

– Robert Ménard: *C'est vrai la presse française, mais plus généralement les Français, sont comme vous le dites « outrancièrement anti-Bush ».*

– Internaute: *J'aimerais que la couverture par les médias français de l'élection US ne vire pas à la propagande anti-Bush; ça vous parait possible?*

– Robert Ménard: *Je crains malheureusement que les partis pris soient tels que vos souhaits relèvent de l'utopie... »*

Il n'est en revanche pas nécessaire au lecteur de tomber dans le parti pris inverse pour conclure que RSF est *outrancièrement* pro-Bush.

Quand Jacques Chirac se rend en Chine, en octobre 2006, RSF se fend d'un long communiqué où, évoquant à deux reprises, comme pour le regretter, la signature probable de contrats économiques, elle redoute que le président français ne dise «rien de concret sur les Droits de l'Homme». Mais, s'il parle, RSF lui suggère de ne pas s'en tenir à «des formules vagues et passe-partout sur les libertés.»[105] Fort bien. Les Droits de l'Homme doivent être en effet défendus, toujours, partout. Mais on cherchera en vain un communiqué de RSF suggérant à nos hommes politiques qui font régulièrement des voyages aux USA, d'intervenir auprès de leurs hôtes pour que l'Armée US tue moins de grands reporters et ferme le bagne de Guantanamo qui a accueilli des journalistes et des Français.

XXVIII
Colin Powell aime RSF

Le 10 octobre 2003, le président George W. Bush prononce un discours en Floride. Il y annonce la création prochaine d'une « Commission d'Assistance à une Cuba Libre ». Cette commission va financer à hauteur de cinq millions de dollars les ONG des pays tiers qui participeraient à des campagnes de propagande destinées à dissuader les touristes de visiter Cuba. Que se passe-t-il dans un aéroport de Paris, dès le 27 mars 2004 ? RSF, par coïncidence, y distribue des tracts aux touristes en partance pour Cuba.

Le rapport « Commission for Assistance to a free Cuba » (458 pages) dont l'annonce a donné des ailes à RSF, ne sera remis que début mai 2004 par Colin Powell à Georges Bush. Il est destiné à présenter de nouvelles mesures pour « accélérer la fin du régime castriste à Cuba »[106]. Dès le chapitre un, il recommande une allocation de vingt-neuf millions de dollars supplémentaires – à rajouter au budget du programme Cuba – au Département USAID – qui finance la NED qui finance RSF – et autres agences gouvernementales appropriées afin de développer des programmes variés dont l'un consiste à « soutenir les efforts des ONG de pays tiers pour dénoncer les violations des Droits de l'Homme à Cuba, dans le cadre plus général d'un effort déployé pour décourager le tourisme ». À quelle ONG française un esprit mal tourné pourrait-il penser en lisant cela ? À Action Contre la Faim, ATD Quart-Monde, Enfants Réfugiés du Monde, Entraide Médicale Internationale, Handicap International, Pharmaciens sans frontières, Secours Catholique, SOS Enfants sans frontières ? Peu probable. Aucune, dégainant plus vite que son ombre, n'a foncé avant même la sortie du rapport annoncé vers un aéroport « pour décourager le tourisme » vers la petite île des caraïbes, tout en laissant d'autres vacanciers embarquer vers des pays où l'armée et la police tirent sur des peuples analphabètes et affamés ou sur les journalistes. Pas eux, donc. Qui ? On se perd en conjectures jusqu'au moment où l'on remarque que, dans le volumineux rapport qui en appelle fiévreusement aux ONG à presque toutes les pages – et jusqu'à dix fois à la page 77 –, une seule, est citée – dès la page 20 : Reporters sans frontières (associating Reporters Without Borders).

Bref, l'entêtement de RSF contre Cuba est démontré par des faits, et plutôt mille fois qu'une. À tel point que l'ONU, qui n'est pas noyautée par des « *aficionados* de Fidel Castro » s'en est émue jusqu'à prendre des sanctions sans précédent contre une ONG : le 20 mai 2003, Reporters sans frontières a en effet été suspendue pour une période d'un an du Comité des Organisations Non Gouvernementales, organe du ECOSOC chargé de superviser le travail des ONG qui jouissent de relations consultatives dans le domaine économique et social des Nations unies. Par ailleurs, RSF sera déclarée *persona non grata* lors des Sommets Mondiaux sur la Société de l'Information (SMSI)[107] en décembre 2003 à Genève, puis en novembre 2005 à Tunis. Ces sommets sont organisés par l'Union Internationale des Télécommunications (UIT), agence spécialisée des Nations unies. Enfin, elle sera également condamnée à deux reprises par des tribunaux français, toujours en raison de ses actions anti-cubaines hors normes et hors-la-loi. Pour l'anecdote, alors que la Justice française avait ordonné le 9 juillet 2003 la destruction des photos et affiches du Che-CRS, Robert Ménard en avait conservé une, collée dans son bureau où elle ne voisinait avec aucune autre relative aux exécutions des journalistes en Irak. Cette persévérance a déplu à la Justice qui a dû sévir à nouveau. En tout cas, cet engouement de Robert Ménard pour le cliché de Alberto Díaz–Guttierez, dit Korda, revisité en message de haine, démontre si besoin en était encore les choix politiques et idéologiques du patron de RSF.

En juillet 2005 sur son site Internet, Reporters sans frontières, comme si l'épisode James Bondesque de La Havane n'avait pas existé et n'avait pas été découvert, comme si ses agressions constantes, diversifiées, répétées, contre le petit pays caribéen étaient d'innocentes broutilles, comme si les USA ne la donnait pas en exemple et ne l'alimentait pas en dollars, comme si elle n'avait pas traité Fidel Castro de « salopard », se plaint de ne pas être la bienvenue dans l'île : « RSF, demande, depuis plusieurs années, à pouvoir se rendre officiellement à Cuba. Nous attendons toujours le feu vert de La Havane. » Scandaleux en effet. A-t-on jamais vu un pays refuser de recevoir « officiellement » un ami impartial qui complote pour renverser le gouvernement en place, qui le combat depuis des lustres, qui en injurie le chef et qui suggère de Miami la bonne astuce pour une asphyxie généralisée et définitive de son économie ?

Quelle que soit l'opinion du lecteur sur le système politique en vigueur dans l'île des Caraïbes, il pourra découvrir, s'il se renseigne, qu'aucune organisation internationale – et pas même RSF – ne prétend qu'un journaliste y a été assassiné depuis la Révolution de 1959. Cette situation tranche avec nombre de pays voisins où la vie d'un journaliste dérangeant vaut moins que celle d'un moustique. Rappelons que, selon RSF on compte 85 journalistes tués en 2006. Pour 2007, le chiffre atteint en août est déjà de 72, ce qui laisse présager un nouveau record. Le bilan varie selon les sources, certaines ne comptabilisant que les journalistes encartés et d'autres, tous les professionnels des médias et collaborateurs. Ainsi, les chiffres de la Fédération Internationale des Journalistes sont tous supérieurs à ceux de RSF. Regardons, en prenant les chiffres de RSF, dans quel pays 72 professionnels de l'information sont tombés dans le premier semestre 2007: Afghanistan (2 tués), Palestine (1), Brésil (1), Chine (1), Érythrée (2), USA (1), Haïti (1), Irak (41), Mexique (2), Népal (1), Pakistan (4), Paraguay (1), Pérou (1), RD. Congo (1), Somalie (7), Sri Lanka (3), Turquie (1), Zimbabwe (1). Aucun de ces pays, bien entendu – pas même la Chine –, n'a eu droit au traitement obstiné que RSF réserve à Cuba ou au Venezuela. Tout juste des protestations, des demandes d'enquête, mais rien de spectaculaire. Plus de la moitié des journalistes tués l'ont été en Irak, sous occupation d'une armée étrangère, mais le gardien de l'ambassade des USA à Paris peut dormir sur ses deux oreilles tandis que se rabotent les planches dont on fera des cercueils à journalistes de tous les pays.

RSF PERSONA NON GRATA AU SMSI :
« Je suis furieux », déclare alors Robert Ménard. Et d'ajouter avec élégance : « J'attends que ces faux-culs des Nations unies prennent leurs responsabilités » (Agence France-Presse, 16 novembre 2005)[107]. Lire la suite p. 284

XXIX
Du haut de son perchoir doré

En 2002, l'Espagnol José-Maria Aznar était président du Conseil de l'Europe. Radicalement hostile à tout mouvement qui pourrait soustraire l'Amérique latine à la domination de ses grands amis – et pourvoyeurs de fonds pour ses campagnes électorales – états-uniens, il a tenté, sans réussir, d'entraîner l'Europe dans son soutien au putsch d'avril 2002 contre le président vénézuélien. Mais il a été plus heureux en préparant la décision par laquelle l'Europe a pris en 2003 des sanctions à l'encontre de Cuba.

L'année suivante, en 2004, 53 journalistes ont été tués dans les pays suivants : Arabie Saoudite, Palestine, Bangladesh, Brésil, Colombie, Gambie, Haïti, Inde, Irak, Mexique, Népal, Nicaragua, Pakistan, Pérou, Philippines, République Dominicaine, Russie, Serbie, Sri Lanka. Le record a été battu en Irak où sévit l'armée US – 19 journalistes et 12 de leurs collaborateurs tués. En conséquence, et sortant quelque peu du rôle officiel de son organisation de défense des journalistes, Reporters sans frontières a demandé par une lettre du 27 janvier 2005 aux vingt-cinq ministres des Affaires étrangères de l'Union européenne l'aggravation des sanctions économiques en cours contre... Cuba[108]. Avec une frayeur rétrospective, RSF rappela aux vingt-cinq ministres qu'en 2003, Cuba était sur le point de bénéficier des «Accords de Cotonou» –aide économique et régime de préférence commerciale avec l'Europe pour des pays d'Afrique, des Caraïbes et du Pacifique. Mais la vague d'arrestation intervenue dans l'île avait finalement donné prétexte à une série de mesures de rétorsions sous l'impulsion de José-Maria Aznar. Alors que ces sanctions étaient sur le point d'être levées, Robert Ménard appela frénétiquement à «leur maintien, voire à leur renforcement». Présupposant à l'évidence que les ministres destinataires étaient mal-comprenants, le leader de RSF usait d'offensantes redondances puisque, dans la même lettre, les mots –ou leurs dérivés– «maintien» ou «renforcement» leur étaient servis cinq fois, épaulés –et de six!– par une variante: «approfondi». Par sa forme tautologique, son fond et son opportunité, cette diatribe niaise aurait pu être signée par Bush, sans qu'une virgule en soit changée. Par contre, les USA ont signifié à José Luis Zapatero leur désaccord avec la normalisation des rapports entre l'Espagne et Cuba. Mais Zapatero n'est pas Aznar et il ne dérogea pas à sa politique de décrispation avec l'ancienne colonie. C'est ce qui explique qu'un perroquet zélé dut prendre le relais du Parti Populaire Espagnol et ameuter l'Europe entière depuis son perchoir doré.

Cependant, ce combat douteux contre les petits pays qui résistent à l'Empire ne fournit pas toujours à suffisance les résultats escomptés. Robert Ménard en a fait le constat amer dès le 31 janvier 2005 –quatre jours après sa requête politique– quand l'Europe, pourtant si bonne et si généreuse envers son organisation, lui a fait en substance la réponse suivante: «Cause toujours, Coco, tu m'intéresses!». Et, malgré qu'il en ait eu, les sanctions furent levées. Certes, des journalistes continuaient à mourir pendant ce temps dans des terres sablonneuses, mais il est des affronts qu'il faut laver ici et maintenant. Et Robert Ménard va en faire illico la démonstration.

XXX

Robert Ménard demande à l'Europe de l'aider à... renverser un gouvernement !

La colère de Robert Ménard le pousse, dès le lendemain, à adresser une lettre ouverte au président de la Commission européenne[109]. S'y expriment sa rage et l'arrogance inouïe d'un chefaillon qui se prend pour le roi de l'Europe et qui dit en substance au président roturier : « Nous voulons. » S'y oublient les nobles dénégations qu'il émettait naguère à propos du Venezuela : « Je vous rappelle que RSF se consacre uniquement à la liberté de la presse » – malencontreusement suivies de son mémorable : « Le gouvernement de Hugo Chávez est un échec, une catastrophe économique de promesses non tenues ». Il est vrai que Robert Ménard a coutume de dire tout et son contraire. Lors de l'entretien accordé à Salim Lamrani, il a pu réitérer son affirmation que seule la presse l'intéresse : « Nous, on s'occupe d'un droit de l'Homme qui est la liberté d'expression. On ne se prononce jamais sur la situation générale à Cuba. Ça ne nous regarde pas», tout en expliquant que «la situation économique est catastrophique. Si les Américains avaient voulu trouver le plus grand service qu'ils voulaient rendre à Fidel Castro, c'est l'embargo. L'embargo ça fonctionne comme, vous savez, un espèce d'épouvantail.[...] Je ne crois pas que M. Fidel Castro et son entourage soient vraiment touchés par l'embargo, je crois que c'est le peuple cubain qui est touché par l'embargo[...]. Je suis en désaccord complet avec la politique de M. Castro...». Une seule préoccupation, la presse, donc! Dès les premières lignes de son courrier, Robert Ménard tient à «exprimer sa profonde déception» au président de l'Union européenne. Ignorant du « *Sutor, ne supra crepidam* » qui recommande aux cordonniers de ne pas critiquer plus haut que la chaussure, Robert Ménard, perdant son sang froid, grimpe comme un ludion jusqu'au sommet d'où il appelle à prendre des mesures pour renverser un gouvernement dont les USA veulent la peau. Jamais on n'avait vu une ONG sortir ainsi de son rôle. RSF prétend «travailler dès aujourd'hui à une transition démocratique» de Cuba. On a bien lu: une «ONG» créée et subventionnée pour défendre une corporation, se mêle de préparer un changement de régime dans un pays. Pourquoi ce pays? Parce qu'il figure en tête des pays que Condoleezza Rice, à peine nommée à son poste de secrétaire d'État en remplacement de Colin Powell, a désigné comme pays-cible, en conformité avec ses prédécesseurs depuis quarante-cinq ans. Il est d'ailleurs frappant que Robert Ménard reprenne dans sa lettre la terminologie de l'Administration états-unienne de «transition démocratique.» Et comment en finir avec le gouvernement de ce pays? Robert Ménard explique la méthode au président de la Commission européenne: «Il nous paraît indispensable que l'UE apporte son soutien aux agences de presse indépendantes, ainsi qu'aux organisations de syndicalistes, bibliothécaires, médecins, économistes, etc. » Ne dirait-on pas que Robert Ménard est chef de Reporters sans frontières, mais aussi de Syndicats sans frontières, de Bibliothécaires sans frontières, de Médecins sans frontières – n'est-ce pas déjà pris ? – d'Économistes sans frontières et du mystérieux Et caetera sans frontières ? Le souverain dicte au président de l'Europe ce qu'il doit faire : « Aujourd'hui, nous vous demandons de veiller scrupuleusement à ce que l'intensification annoncée des relations avec l'opposition et la société civile cubaine ne se limite pas à de simples réunions. » Prescripteur sans frontières ! Et sa majesté vérifiera que l'Europe se bouge : « Nous attendons de l'UE qu'elle soit, par exemple, représentée à la réunion générale de la dissidence convoquée le 20 mai prochain par l'Assemblée pour la promotion de la société civile... » Ordonnateur sans frontières. Mais, puisque l'Europe, malgré Robert Ménard, va conclure des accords avec Cuba, il importe que le président européen sache comment agir dans la pratique : « Nous vous demandons par ailleurs que les programmes de coopération européenne avec Cuba bénéficient également à la société civile non reconnue par les autorités. » Et sa majesté de fixer à l'Europe le calendrier auquel elle a réfléchi : « Reporters sans frontières considère que l'UE doit prendre ces mesures dès maintenant ». Au cas où les Cubains ne seraient pas assez coopératifs, Robert Ménard Premier connaît la riposte adéquate : il faut que l'Europe leur laisse entendre qu'« elle serait dans l'obligation de rétablir les sanctions. » Père Fouettard sans frontières. Et si le président ne suit pas les directives de RSF, il prouvera ainsi sa lâcheté car : « En l'absence de telles mesures, la décision de l'UE s'apparenterait effectivement à une capitulation ». Après cette insulte à peine feutrée, vient la menace de RSF qui ordonne au président de mouiller sa chemise : « Notre organisation espère que vous vous engagerez personnellement sur ce dossier et sera particulièrement vigilante aux suites données à la décision de l'UE. » En résumé : le roitelet Robert Ménard, juché sur son tas de subventions de la France, de l'Europe, des États-Unis, des oligarques, gronde l'Europe qui ne l'a pas écouté, lui explique qu'il faut renverser un gouvernement, la somme d'agir immédiatement, lui fournit la liste – non exhaustive – des organisations à payer pour cela, lui indique dans quelle réunion et à quelle date précise elle est attendue. Puis, il termine par un ordre sec donné au président en exercice : il doit suivre « personnellement » le dossier instruit par RSF, qui vérifiera !

On est sidéré par l'ahurissante effronterie de Robert Ménard : il vient, en une seule lettre ouverte, de donner de RSF l'image d'un outil partial, une machine à favoriser les coups d'État, un crypto-parti politique qui œuvre à renverser un gouvernement étranger pour le compte d'un autre gouvernement étranger pourvoyeur de dollars. En effet, ce que Robert Ménard écrit clairement ici, c'est que son objectif est politique. L'injonction qu'il fait à l'Europe de s'immiscer dans les affaires intérieures d'un État souverain a bien pour but de produire un changement global qui l'affectera, bien au-delà de la corporation des journalistes. Relisons-le attentivement : ce sont les systèmes politique, économique, social, culturel, de santé, qui sont visés par son projet, ainsi que d'autres qu'il désigne par : « etc. » et qui pourraient bien être la police et l'armée dont RSF cherchait naguère à connaître les éventuels « dissidents ».

Cette furie quasi maladive de RSF repose-t-elle sur des éléments incontestables, établis ? Et l'Europe est-elle en situation de donner des leçons. La réponse est non si l'on se réfère, non pas aux déclarations du gouvernement incriminé – que d'aucuns qualifieraient aussitôt de propagande –, mais d'une autre ONG. Le rapport 2006 sur Cuba d'Amnesty International fait état de « restrictions à la liberté d'expression, d'association et de mouvement », et de soixante-dix prisonniers d'opinion. Cependant, l'ONG observe qu'en mai 2005 « une coalition de plus de trois cent cinquante organisations non gouvernementales indépendantes » a organisé le plus grand rassemblement d'opposants jamais observé à Cuba[110]. Pour ce qui est des soixante-dix prisonniers, le gouvernement cubain ne nie pas leur existence, mais affirme qu'ils ont été arrêtés et condamnés uniquement pour avoir été financés par les États-Unis dans le cadre d'actions visant à liquider la révolution cubaine et à placer l'île sous la dépendance du puissant voisin. La tolérance du congrès de la dissidence de mai 2005 tend à conforter le point de vue des autorités cubaines et, du coup, à rendre suspectes les démarches de RSF auprès de l'Union européenne. En effet, selon une analyse, réalisée par Salim Lamrani, du rapport d'Amnesty « contrairement aux pays de l'Union européenne et aux États-Unis, Amnesty international n'a pas rapporté, pour ce qui concerne Cuba, un seul cas d'assassinat politique (Royaume-Uni, États-Unis), de torture ou traitement inhumain (Belgique, Chypre, Estonie, États-Unis, France, Grèce, Italie, Lettonie, Malte, République tchèque, Royaume-Uni), d'utilisation de preuves obtenues sous la torture (Allemagne, Chypre, États-Unis), d'exécution (États-Unis), d'exécution d'enfants et de malades mentaux (États-Unis), de disparitions (Estonie, États-Unis), d'enlèvement de personnes par les autorités (Italie), de violation du droit à la vie (Suède), d'impunité suite à un crime commis par des agents de l'État (Autriche, Espagne, France, Grèce, Irlande, Italie, Portugal, République tchèque, Royaume-Uni), de trafic d'êtres humains (Grèce, Lituanie), de violence contre les mineurs commises par des agents de l'État (Espagne, Estonie, République tchèque, Slovaquie), de violence contre les femmes (la plupart des pays européens), de violence contre les minorités (Allemagne, Estonie, États-Unis, France, Grèce, République tchèque, Royaume-Uni, Slovaquie), de racisme et de discrimination (la plupart des pays européens et les États-Unis), d'enfants interdits d'école (Grèce, Hongrie, République tchèque, Slovaquie, Lettonie, Slovénie), d'internement d'enfants en raison de leur origine ethnique (République tchèque, Slovaquie), de stérilisation forcée de femmes issues de minorités (République tchèque, Slovaquie), de citoyens déchus de leur nationalité (Grèce, Slovénie), d'utilisation de lits-cages pour enfermer les handicapés mentaux (République tchèque), de répression de manifestants (Chypre, Malte), de familles expulsées de leurs logement, parfois en plein hiver (Hongrie), de violences sur les handicapés (Irlande), de mineurs incarcérés (Espagne, États-Unis, Estonie, Irlande), de malades mentaux mis en prison (Autriche, Irlande, Italie, États-Unis), de suicide en prison (Italie) [en raison de la date où elle s'est produite, la vague de suicides dans la prison de Guantanamo n'est pas comptée par l'ONG], d'automutilation en prison (Italie), de manque d'attention médicale (Estonie, États-Unis, Italie, Royaume-Uni), de violences policières (dans quasiment tous les pays européens), de licenciement abusif (Autriche), de vente d'armes à des pays violateurs des Droits de l'Homme (Autriche), de suspension des garanties constitutionnelles (France), de traite d'êtres humains (Grèce), d'incitation à la haine raciale et à la discrimination par les autorités (Hongrie, Lettonie) ou d'expulsion de demandeurs d'asile (Allemagne, Autriche, Belgique, Chypre, France, Grèce). Amnesty international n'a jamais fait part de mauvaises conditions de détention à Cuba, contrairement à la situation prévalant dans la majorité des prisons européennes. »[III]

Pour Salim Lamrani, l'invocation des Droits de l'Homme par RSF et l'Union européenne cache la condamnation «du système politique, économique et social cubain et de la non-instauration d'une économie de marché.» Abominations dont George. W. Bush est le premier à se lamenter en arrosant de dollars ses porte-voix.

XXXI
RSF sans munitions

Dans les tranchées de la guerre médiatique permanente qu'il mène contre les pays qui lui résistent et contre ceux dont il convoite les ressources naturelles, Washington n'est donc jamais seul. L'Europe sait se montrer solidaire. Et RSF est là, tel un char d'assaut rassurant avec sa croix rouge peinte sur sa tourelle en forme de cœur et son drapeau blanc jaillissant du canon peinturluré façon sucre d'orge. C'est l'allié fidèle déguisé en arbitre, le complice revêtu de la robe d'hermine, l'observateur international borgne, le vigile sélectif de discothèque, l'expert payé par un expertisé, le magistrat qui dîne en catimini à la table d'un plaideur, le troisième couteau obsédé par Cuba depuis toujours et par le Venezuela depuis que Chávez obtient la confiance de l'électorat – au moment où ses lignes sont écrites, il a remporté dix élections consécutives – et plus encore depuis que Condoleeza Rice l'a classé dans la liste des ennemis de l'Empire.

« Chef, je suis à court de munitions », mendie Robert Ménard sur le front de l'Amérique latine en levant les yeux vers le géant surarmé. Généreux, l'Oncle Sam lui en fournit. Que le geste, à force d'être répété, soit surpris et, sortant le nez pour que ceux d'en face l'entendent, Robert Ménard se justifie : « Ce n'est pas contre vous, c'est pour une action humanitaire, très loin d'ici. » Ridicule ? C'est pourtant exactement le bobard que Robert Ménard a déjà servi à deux reprises au moins pour expliquer que les USA lui donnent de l'argent à ne pas utiliser contre ses ennemis. En empochant les billets verts, il n'hésite pas à leur attribuer une noble utilisation. Argent sale, peut-être, mais là, c'est pour une bonne cause. Nous sommes donc priés de croire que la manne est bien séparée du reste de l'argent du coffre, et qu'elle va servir à tout, sauf à épauler les USA. Écoutons-le expliquer le 6 juillet 2005[112] que l'argent de la NED ne servira pas contre Cuba : « Il est également important de préciser que la somme allouée par la NED concerne un projet destiné à soutenir les journalistes arrêtés, emprisonnés ou menacés en Afrique. Ce projet concerne l'Afrique et uniquement l'Afrique. » Écoutons-le encore s'adressant au gouvernement vénézuélien le 13 mars 2006 : « Enfin, nous recevons effectivement des fonds de la National Endowment for Democracy. Cet argent représente 2 % de notre budget (nos comptes sont publics) et, outre qu'il provient du Congrès américain [bushiste] et non de la Maison Blanche, il est dévolu à notre action en faveur des journalistes africains emprisonnés. Il ne concerne pas le continent américain. »[113] Prière d'avaler ce qui suit : les dollars de la NED – dont le budget, comme on l'a dit, a été quadruplé avant le putsch pour arroser les anti-chavistes – vont servir à promouvoir la liberté au Gabon ou en Bosnie, en Algérie, en Tunisie ou en Érythrée et non pas à déstabiliser le gouvernement vénézuélien. Qu'il ne se préoccupe pas : RSF ne le harcèle en aucune manière, ainsi que la démonstration en a été faite. Quant à la petite île des Caraïbes, rien à craindre non plus de ces dollars-là. Certes , comment le cacher, elle est concernée par ceux du Center For a Free Cuba, mais si peu, puisque Robert Ménard ne lui réserve « aucun traitement particulier », même s'il s'est déjà rendu sur place, spécialement pour prouver le contraire et pour se donner des frissons en jouant les James Bond de pacotille. Et d'ailleurs, « Lucie Morillon, la représentante de RSF à Washington, a confirmé dans une interview, le 29 avril, que RSF reçoit effectivement des paiements du Center for a Free Cuba et que le contrat avec Otto Reich leur exige d'informer les Européens sur “la répression contre des journalistes à Cuba” et d'appuyer les familles de journalistes en prison. Morillon a aussi dit qu'ils ont reçu 50 000 dollars du CFC en 2004 et que ce montant se maintiendrait d'année en année. Mais elle a nié que les déclarations anti-Cuba à la radio et à la télévision, les pleines pages de publicité dans des quotidiens parisiens, les posters, les distributions de tract dans les aéroports et l'occupation du bureau de tourisme de Cuba à Paris en 2003 aient eu pour but de décourager le tourisme dans l'île. »[114] Cela va sans dire ! Il s'agissait probablement d'aider à son essor.

XXXII

Des journalistes français traités comme des criminels

Les mésaventures ci-dessous sont des résumés de récits publiés sur le site de RSF le 20 mai 2003[115] et le 23 mai 2005[116]. Ils sont rapprochés ici pour montrer la différence des styles de protestations pour des cas similaires.

Le 10 mai 2003, trois journalistes français partis couvrir un salon de jeux vidéo se sont présentés au contrôle de police de l'aéroport de Los Angeles, sans visa spécifique pour les journalistes. Alors que deux d'entre eux ont passé la douane sans encombre, le troisième se voit refuser l'accès au territoire états-unien. Les deux premiers ayant tenté d'obtenir des explications, tous trois sont interpellés et retenus pendant près de vingt-six heures, dont une nuit dans des cellules du centre de détention des services d'immigration. Ils ont subi des interrogatoires et six fouilles au corps. Ils étaient menottés durant leurs déplacements et leurs empreintes ont été scannées[117]. Placés sur un vol pour la France le lendemain, ils n'ont pu récupérer leurs passeports que lors de leur escale à Amsterdam.

À La Havane, trois journalistes polonais ont été interpellés dans la nuit du 19 au 20 mai 2005. Ils ont été renvoyés chez eux le 22.[118]

Deux des journalistes arrêtés à Cuba ont pu avertir leurs journaux. L'un par un SMS, l'autre «qui avait réussi à dissimuler son portable, a passé un autre appel en se cachant dans des toilettes de la maison d'arrêt», nous dit RSF. Ces refoulés, venus couvrir «l'Assemblée pour la promotion de la société civile à Cuba», un rassemblement d'associations dissidentes, étaient en possession de visas de touristes et non de visas de journalistes.

On se souvient que, dans sa lettre du 1er février 2005 au président de l'Union européenne, Robert Ménard avait écrit: «Nous attendons de l'UE qu'elle soit, par exemple, représentée à la réunion générale de la dissidence convoquée le 20 mai prochain par l'Assemblée pour la promotion de la société civile». Soutenue par les États-Unis et l'extrême droite cubaine de Floride, cette réunion surmédiatisée a rassemblé une centaine de personnes. Le gouvernement des États-Unis, par le biais de son Agence pour le développement international – USAID, toujours elle! –, a alloué un budget de six millions de dollars pour aider à l'organisation. James Cason, représentant diplomatique de Washington à La Havane était présent. Le président des États-Unis a envoyé un message vidéo. Les participants l'ont acclamé.

Si les figures les plus en vue de la dissidence, horrifiées par cette mascarade croulant sous les dollars – coût: 60 000 dollars par participant! – et bénie par Bush étaient absentes, de nombreux journalistes, des personnalités politiques internationales, ont pu assister, en toute légalité, à cette manifestation qui s'est déroulée sans l'ombre d'une intervention des autorités de l'île ainsi que l'a bien noté Amnesty international.

Les journalistes expulsés l'ont été en vertu de la législation cubaine, semblable sur ce point à celle des USA, mais aussi de nombre de pays : un visa de touriste ne suffit pas pour se livrer à un travail journalistique.

On remarque donc l'analogie des causes d'expulsions à La Havane et à Los Angeles. Dans les deux cas, il manquait le fameux visa *ad hoc*. En vérité, on constate deux différences : aux USA, les journalistes ont été menottés, scannés, fouillés six fois et soumis à des interrogatoires avant d'être refoulés ; à Cuba, deux ont pu téléphoner ou envoyer un SMS après leur interpellation. Pas fouillés ni menottés, donc. De leur propre aveu, ils ont été « bien traités ». C'est ce qu'ils ont dit à ceux qui espéraient une autre réponse.

Cependant, RSF déteste qu'on embête les journalistes, mêmes quand ils ne respectent pas la loi. Aussi a-t-elle, dans les deux cas, élevé des protestations. Dans un courrier adressé à l'ambassadeur des États-Unis à Paris, elle note que les journalistes français ont été traités « comme des criminels », elle lui demande « d'user de toute [son] influence afin qu'une enquête soit ouverte et de [s]'assurer que ces journalistes pourront, à l'avenir, se rendre aux États-Unis sans entrave. Il serait également opportun de clarifier la procédure concernant la nécessité ou non d'un visa spécifique pour les journalistes se rendant aux États-Unis. » Et de regretter qu'« en l'état actuel, les décisions des services de sécurité paraissent arbitraires, voire discriminatoires. » La deuxième protestation dit ceci : « Une fois de plus, le pouvoir cubain cherche à étouffer toute voix dissidente en violant la liberté de la presse de la façon la plus brutale et la plus grossière. Cette fois, il s'en prend à des journalistes étrangers qui avaient pourtant été autorisés à pénétrer dans l'île. Nous condamnons fermement ces méthodes répressives et exigeons la libération immédiate des journalistes interpellés. » Notons qu'ils étaient déjà tous rentrés chez eux quand RSF a publié ça. On avait cru comprendre, à lire les récits même de RSF, à en croire les journalistes concernés, que la méthode « brutale », « grossière » et « répressive » avait été utilisée dans l'expulsion de journalistes venus aux USA couvrir un anodin salon de jeux vidéos et non dans celle de journalistes projetant de surmédiatiser en Europe une minuscule manifestation organisée et financée par l'ennemi mortel qui enrage de n'avoir pas encore *irakisé* l'île.

Accessoirement on se demandera pourquoi des journalistes français, alors que certains d'entre eux avaient passé la douane US, se sont retrouvés menottés, fichés, humiliés et refoulés en bloc. Sont-ce des manières entre deux pays alliés ? Alliés ? Justement, nous ne l'étions guère. L'incident a eu lieu quelques semaines après le déclenchement de l'invasion de l'Irak – sans la France –, au plus fort d'une violente campagne anti-française. Mais cette possible corrélation ne sera pas envisagée par RSF qui préfère attribuer l'affront musclé à l'arbitraire des lampistes de l'aéroport et à un manque de clarté de la procédure. Ainsi donc, l'Administration états-unienne sera épargnée, l'ambassadeur poliment invité à « enquêter », tandis que la hargne ménardienne pourra encore se hisser jusqu'au « pouvoir cubain » « fermement » condamné. J'ai déjà cité, dans ces pages, des cas où, quand l'armée bushienne sévit brutalement contre des journalistes, RSF en rabaisse la cause au niveau de soldats, à leur incompréhension de directives absconses. À l'inverse, tout geste, respectueux de la dignité humaine, osé par le moindre policier d'un pays du tiers-monde, appliquant la loi, ne s'autorisant pas à faire une charrette globale de journalistes où ceux qui sont en règle et ceux qui ne le sont pas sont pareillement expulsés, est porté au discrédit d'un gouvernement honni par l'officine RSF.

Quant aux actions multiples, officielles, décidées au plus haut sommet de l'État US pour décerveler l'opinion publique mondiale, nous allons voir que RSF en rend compte avec une sérénité apaisante qui laisse béat d'admiration.

XXXIII
Le flegme de RSF devant trois machines à décerveler la planète

Communiqué de RSF le 27 février 2002[119], « L'administration Bush ferme l'OSI » :

Le 26 février, Donald Rumsfeld a annoncé la fermeture du Bureau de l'Influence Stratégique (OSI). Le secrétaire d'État américain à la Défense a refusé de confirmer que l'usage de la désinformation avait été envisagé. Il a souligné que le département d'État à la Défense « ne s'y livrait pas, ne l'avait pas fait et ne le ferait pas ». Le 25 février, le président George W. Bush s'était prononcé contre l'existence de l'OSI. Selon Ari Fleischer, porte-parole de la Maison Blanche, « le président serait très préoccupé par toute institution gouvernementale qui, par principe, ne disséminerait pas la vérité et les faits ». Il a ajouté que M. Bush ignorait tout du projet de l'OSI jusqu'à ce qu'il soit révélé dans la presse la semaine précédente.

Interrompons ici la lecture du communiqué pour faire quelques observations : Bush ne savait rien. Ari Fleischer – celui qui mettait en garde les journalistes trop curieux en

Irak *en pesant ses mots*– nous l'affirme. RSF répercute sans commentaire. Bizarre de la part d'une organisation qui nous a montré comment elle impute directement aux chefs d'État des pays pauvres les moindres problèmes de presse qui se produisent chez eux.

Le 24 février, le Pentagone avait indiqué qu'il examinait sérieusement la possibilité de supprimer ce bureau. Donald Rumsfeld avait demandé à son sous-secrétaire Douglas Feith de décider s'il était nécessaire ou non. « Le Pentagone ne ment pas au peuple américain. Il ne ment pas aux audiences étrangères », avait indiqué le secrétaire d'État à la Défense. »

Opportun de continuer à mentir, opportun d'arrêter ? Rumsfeld se tâte et RSF n'y voit rien de choquant. Et RSF n'objecte rien à l'affirmation que le Pentagone ne ment pas, alors que la liste de ses mystifications dans la justification des guerres et dans leur conduite ferait du nez de Pinocchio un baobab géant. En exprimant sa préoccupation que l'OSI « envisage » la désinformation, RSF explique : « Une telle décision ne peut, au contraire, que ruiner l'image des États-Unis et discréditer les informations délivrées par le secrétariat d'État à la défense ».

On observera ici que, pour RSF, l'OSI « envisage » seulement de pratiquer la désinformation alors que, créée l'année précédente, cette machine à mentir est en pleine action. Par ailleurs, le préjudice exclusivement craint par Robert Ménard est celui qui risque de frapper les USA, non celui du lectorat du monde entier.

Le 20 février, Donald Rumsfeld a rejeté la possibilité que le Pentagone recoure à la diffusion de fausses informations mais n'a pas exclu d'user de « manipulation tactique » dans le cadre de la guerre contre le terrorisme. RSF a demandé à M. Rumsfeld d'adopter une position plus claire en rejetant catégoriquement le recours à la propagande, sous toutes ses formes.

Selon les informations recueillies par RSF, dans une interview publiée le 19 février par le quotidien New York Times, *des responsables du Pentagone ont déclaré que le Bureau de l'Influence Stratégique (OSI, Office of Strategic Influence), un service du département d'État à la Défense, a proposé de recourir à la diffusion de fausses informations auprès des médias étrangers. Selon le* New York Times, *ces projets s'inscrivent dans le cadre « d'un nouvel effort pour influencer l'opinion publique et les responsables gouvernementaux à la fois dans les pays amis et les pays non alliés ». Le quotidien rapporte que l'OSI a proposé « un vaste éventail de mesures, allant de campagnes "noires" utilisant la désinformation et d'autres activités secrètes, aux relations publiques "blanches", reposant sur les communiqués véridiques ». L'OSI a été créé au lendemain du 11 septembre pour lancer une campagne médiatique en direction de l'opinion publique internationale. Selon Bryan Whitman, porte-parole du département d'État à la Défense, la mission de l'OSI « fait l'objet d'une étude approfondie par le Pentagone ». Fin septembre, Donald Rumsfeld, secrétaire d'État à la Défense, avait assuré que ni lui ni son entourage ne mentiraient à la presse. En novembre, il avait plaidé pour un « libre flot d'information militaire, sans censure ou propagande ». L'administration s'inquiète en fait de ce que la guerre contre le terrorisme soit perçue comme une guerre contre l'islam à l'étranger, et notamment au Moyen-Orient. »*

Fin du communiqué de RSF. C'est tout pour l'indignation. C'est peu. Car, si l'on fait commerce de défendre la liberté de la presse, laquelle n'a pas d'autre raison d'être que de fournir aux citoyens des informations vraies, les organismes étatiques créés spécialement pour le mensonge doivent être fustigés avec la dernière vigueur. Et partout. Mieux, leur dénonciation doit être exhaustive et par conséquent ne pas se s'arrêter aux cas les plus médiatiques, à ceux qui ont déjà fait l'objet d'une polémique publique. C'est pourtant là que sont placées les bornes de RSF avec les machines US à décerveler la planète.

Quand, au lendemain des attentats du 11 septembre 2001, le Pentagone a crée l'Office of Strategic Influence (OSI), un bureau d'influence stratégique, Donald Rumsfeld, secrétaire d'État à la défense, en connaissait le programme qui consistait à manipuler les opinions publiques du monde entier ainsi que les dirigeants politiques étrangers, amis et ennemis. Malheureusement, les mystifications ne pouvaient que revenir en boomerang vers le pays expéditeur. En les reprenant, la presse US risquait de tomber sous le coup de la loi états-unienne qui interdit de livrer volontairement des fausses informations aux citoyens des États-Unis. Une polémique s'ensuivit qui agita la presse et le Congrès. Donald Rumsfeld dut s'excuser et supprimer l'OSI qu'il remplaça en septembre 2002 par le discret Bureau des Plans Spéciaux (OSP, Office of Special Plans). Il faudra attendre février 2004, pour qu'on apprenne que l'OSP avait bricolé les renseignements sur l'Irak afin de convaincre les opinions du bien-fondé de la deuxième guerre du Golfe.

En janvier 2003, le président Bush signait un décret créant un Office of Global Communications (OGC), le Bureau des Communications Mondiales. Son but est d'émettre des messages de propagande et d'envoyer des « équipes de communicateurs » dans les zones dans lesquelles existe « un fort intérêt international et des médias ». Les départements d'État et de la Défense sont informés de ces missions. Contrairement à l'OSI et à l'OSP, ce bureau n'a rien de secret. La Maison Blanche annonçait même qu'il aiderait « le président à communiquer son message au monde qui est celui de la dignité et de la liberté pour tous et partout ». Pour bien arroser le monde de ses messages, l'OGC installe ses bureaux à Washington, Londres et Islamabad, d'où les « communicateurs» arrosent les médias d'informations tendancieuses. Mais les Autorités US ont retenu la leçon du scandale de l'OSI. Aussi, le décret portant création de l'OGC stipule que les messages destinés aux États-Unis – citoyens et leaders d'opinion –, aux membres permanents de l'ONU, au monde musulman et aux alliés européens, devront être véridiques. Il est permis de mentir aux autres. Et peut-être de s'affranchir de la règle restrictive. Il n'empêche que l'OGC, créé juste à temps avant la deuxième invasion de l'Irak, a été particulièrement actif dans l'intoxication médiatique mondiale sur les prétendues armes de destruction massive de l'Irak.

Comment s'étonner si, des années après les attentats du 11 septembre 2001 à New York, plus d'un tiers des états-uniens continuent à croire que Saddam Hussein était impliqué dans la destruction des tours jumelles du Centre Mondial du Commerce ? En revanche, comment ne pas s'étonner du manque de vigilance, de la placidité de RSF devant cette persévérance US à fabriquer des centres d'intoxication médiatique. Comment comprendre qu'en planifiant les mensonges au plus haut niveau de l'État, les USA occupent une place honorable dans le classement annuel, établi par RSF, des pays qui respectent la liberté de la presse[120] ?

XXXIV
RSF et les cultivateurs de cacao

La télévision nous a montré, le 16 avril 2005, une opération commando de RSF en train de répandre des grands seaux de cacao devant l'ambassade de Côte-d'Ivoire à Paris. Il s'agissait de protester contre l'enlèvement de Guy-André Kieffer, journaliste franco-canadien disparu depuis un an. Il était assurément légitime d'attirer l'attention sur ce cas, parmi d'autres. Le sort de civils ivoiriens tombés sous les balles de l'armée française à Abidjan –tuerie filmée dont les images n'ont pas été montrées en France– aurait également pu intéresser notre télévision.

Mais RSF aurait pu –dû?– monter prioritairement une opération commando devant l'ambassade de Colombie –pays allié des USA– où cinq journalistes ont trouvé la mort en 2004 et, bien entendu, devant l'ambassade des États-Unis, qui emportent la médaille d'or de la liquidation des reporters dans le monde, grâce à leurs efforts de gâchettes en Yougoslavie, en Afghanistan et en Irak.

Mais rappelons le credo de RSF : sus aux pays pauvres, sauf s'ils sont de grands amis des USA, et laissons la parole à l'écrivain uruguayen Eduardo Galeano[121] : « Il y a quatre ans, le journaliste Richard Swift est allé dans les champs de l'ouest du Ghana, où se produit le cacao bon marché pour la Suisse. Dans son sac, le journaliste avait des barres de chocolat. Les cultivateurs de cacao n'avaient jamais goûté le chocolat. Cela les a enchantés. »

XXXV
Les altermondialistes au pilori dans une revue de Robert Ménard

Médias est un trimestriel luxueux. Principaux actionnaires : Reporters sans frontières et l'agence de graphisme Nuit de Chine – qui appartient à l'épouse de Robert Ménard.

Dans le premier numéro paru en juin 2004, un article s'en prend à « la guérilla des altermondialistes contre l'info ». Morceaux choisis : « Le monde qu'ils découvrent chaque matin est encore et toujours noir et blanc : progressisme contre impérialisme, Sud contre Nord. » Et encore : « Ils ont beau débiter des sornettes, personne ou presque n'ose les rappeler à la réalité des chiffres et aux leçons de l'histoire. » Puis, vient la sempiternelle charge RSFienne contre ce qui indispose Bush : « Les "alters" ont toutes les indulgences pour l'ex-putschiste Hugo Chávez, ce *caudillo* d'opérette qui ruine son pays mais se contente – pour l'instant ? – de discours à la Castro sans trop de conséquences réelles pour les libertés de ses concitoyens ». Ce texte, cité par Thierry Deronne dans la préface, nous montre comment, en quelques lignes, Robert Ménard est capable de s'en prendre – avec une élégance de style et de pensée assez moyenne – aux deux leaders les plus abhorrés par les USA en Amérique latine et adversaires d'une mondialisation pernicieuse. Mais pour être complets, il convient d'ajouter ces mots où Ménard qualifie les militants altermondialistes de « rossignols du marxisme recyclés dans Attac and Co ». Rappelons qu'Attac est une association dont l'acte fondateur en 1998 fut l'idée de taxation des transactions financières et qui, depuis, révèle les exactions du FMI, de la Banque mondiale, de l'OMC, de l'ultralibéralisme, dénonce l'unipolarité du monde, les aventures guerrières, perturbe les G8, alerte l'opinion sur l'épuisement des ressources et la pollution de la planète, soutient que l'argent ne saurait être une valeur suprême. Autant de sujets sensibles du côté de la Maison Blanche. Tout naturellement, Robert Ménard s'empresse de maltraiter ces iconoclastes dès le premier numéro de sa revue « neutre ».

XXXVI
La liberté de la presse selon le jury masqué

« Le classement mondial de la liberté de la presse »[122] établi par RSF mérite qu'on s'y arrête. Les philologues en feront un jour l'analyse et démontreront que le titre ronflant dissimule une exécrable pitrerie. Regardons les deux derniers classements, parus en 2006 et 2007.

Si, selon RSF, l'Irak est le « pays le plus dangereux du monde pour les journalistes » depuis son invasion, l'honnêteté devrait imposer à RSF d'en tirer les conclusions adéquates dans son classement. Le pays qui, plus que tout autre, tue là-bas des journalistes depuis 2003 devrait être relégué tout au fond de la liste. Cela serait d'autant plus facile à RSF que cette organisation, elle l'affirme volontiers, ne s'intéresse qu'à la liberté de la presse et au sort des journalistes, faisant abstraction de toute inclination idéologique pour les forts comme de toute exécration irrationnelle pour les faibles. Or, l'examen des pays prioritairement dans le collimateur de RSF fait apparaître que beaucoup figurent dans la liste de ceux que les USA désignent comme susceptibles de connaître une invasion de leur armée.

Le «classement mondial de la liberté de la presse» affiche une belle indulgence pour le plus grand prédateur de journalistes sur la planète qui figure en flatteuse position, grâce à un artifice éhonté inventé par RSF depuis l'invasion de l'Afghanistan: il s'agit de noter les USA *selon les endroits.* Sur leur territoire, ça ne va pas mal (rang 44 sur 167), dehors (Irak) ils écopent du rang 137 pour l'année 2005. Pour 2006, les USA reculent sur leur territoire (n°53) mais progressent allègrement là où sévit leur armée (n°119). Le classement des USA à l'intérieur recule notamment en raison du cas de Sami Al-Haj détenu à Guantanamo. RSF ne considère pas que l'armée US de Guantanamo agit à l'étranger. Cette base occupée illégalement par la force est donc considérée par RSF comme territoire US.

Le procédé de la double notation est une sinistre farce. Imaginons-le, étendu à d'autres domaines:

- Classement mondial de la liberté des femmes. Un proxénète prostitue des mineures sur les grands boulevards (rang 119) mais il est assez bon époux dans l'intimité (rang 53).
- Classement mondial de l'honnêteté. Dans la rue, Al Capone tire sur les transporteurs de fonds (rang 119) mais il paie ses dettes de poker avant de quitter la table (rang 53).
- Classement mondial des Droits de l'Homme. Les USA font torturer à Abou Ghraib, à Bagram, à Guantanamo et dans des prisons secrètes externalisées (rang 119) mais ils ne touchent pas –trop– aux détenus dans leurs prisons (rang 53).
- Classement mondial des Droits de l'Enfant. M. Chaussures-de-Sport fait travailler douze heures par jour des enfants du tiers-monde (rang 119) mais il contrôle tendrement la scolarité de sa progéniture et il fait des dons pour la kermesse de l'école (rang 53).
- Classement mondial du respect de la propriété. Les États-Unis ponctionnent le pétrole du pays vaincu (rang 119)

mais, chez eux, la propriété privée est bien protégée par la loi (rang 53).

Par ce procédé pervers, un individu qui serait à la fois belliciste, misogyne, proxénète, tortionnaire, esclavagiste, menteur, voleur, pourrait vaquer avec une auréole d'honnête homme, pacifiste, mélomane, bon père et tendre compagnon.

Pour 2006, le cas de « Sami Al-Haj, sur la base militaire de Guantanamo, et celle du photographe d'Associated Press, Bilal Hussein, en Irak, depuis le 12 avril 2006, alourdissent ce bilan », confesse RSF – le traitement du cas de Bilal Hussein est édifiant. Rossée de toute part pour sa longue apathie concernant Sami Al-Haj, RSF a réagi plus vite et sans mener cette fois une enquête pour savoir s'il a « été arrêté en raison de sa qualité de journaliste ». On remarquera cependant que RSF s'en tient à des déclarations platoniques non suivies d'actes concrets.

Toujours est-il que les USA rétrogradent en 2006 à la 53e place sur leur territoire (et perdent 9 places), mais grimpent à la 119e hors de leurs frontières (gain de 18 places). Le bilan est « globalement positif ».

Pour établir ce classement schizophrénique qui insulte la logique, la raison et le lecteur « Reporters sans frontières a demandé à ses organisations partenaires – quatorze associations de défense de la liberté d'expression dispersées sur les cinq continents –, à son réseau de cent trente correspondants, à des journalistes, des chercheurs, des juristes ou des militants des Droits de l'Homme de répondre à cinquante questions permettant d'évaluer la situation de la liberté de la presse dans un pays. »

Des noms ! Des noms ! Si les personnes et les organisations qui ont participé à cette pantalonnade en sont fières, on attend qu'elles le disent, qu'elles sortent de l'ombre où RSF les confine. Qui es-tu, Jury Mondial de la liberté de la presse, donc de la liberté de dire ? Informe-nous de ton identité. Se taire serait mettre en pratique la censure – et l'autocensure – en vous livrant ici à ce que vous combattez ailleurs. Quelques-uns des « journalistes, chercheurs, militants des Droits de l'Homme » impliqués se dresseront-ils dignement, arrachant le bâillon pour dire : « J'en suis et voici dans quel journal j'écris, sur quel domaine je cherche, quelle organisation des Droits de l'Homme m'accueille » ?

Oui, qui sont-ils ? Quelles sont les questions auxquelles ils ont dû répondre ? J'ai directement interrogé RSF et j'ai obtenu la liste des cinquante questions ainsi que celle des organisations – aucune française – qui participent à ce classement – après quoi, en 2007 et pour la première fois, RSF publie ces questions sur son site. J'ai par contre essuyé un refus quant aux noms des jurés qui resteront donc inconnus « pour des raisons de sécurité ». Tous menacés, donc ? Aucun Français ?

Par ailleurs, ce classement – mais c'est une constante dans le discours de RSF – décontextualise les problèmes. Or, quel que soit l'amour d'un chef d'État pour la liberté de la presse, celle-ci ne peut être la même dans un pays en paix et doté de l'arme nucléaire – comme les USA, la France, etc. – et un pays faible, en guerre, en guerre civile ou menacé par un trop puissant ennemi. On peut déplorer cette réalité, mais ne pas en tenir compte c'est faire le choix de truquer les classements, de favoriser les plus forts. Dans son livre maintes fois cité ici, Robert Ménard explique une des raisons pour lesquelles Rony Brauman s'est éloigné de RSF : « [Il] aurait aimé que nous ne nous contentions pas de collecter les faits, mais que nous procédions à une mise en perspective, à une analyse pays par pays. » (p. 88). Idée saugrenue que Ménard évacue dès la page 94 : « Je suis un adversaire des "nuances" ». Surtout quand elles contrarient un credo politique et pourraient tarir des fontaines généreuses.

Quant aux questions – sélectionnées pour faire pencher la balance en défaveur des pays victimes de l'insécurité politique, d'agressions ou rétifs à un ultralibéralisme qui travaille à les dépouiller–, aucune ne porte sur le poids de la presse entre les mains des puissances industrielles et financières dans les pays riches, sur l'autocensure et la disparition de quotidiens qui en découlent. Aucune ne prend comme critère le contenu des journaux, la nécessité pour la presse de ne pas mentir ou manipuler.

Exemples :

- le monopole public de l'information est un critère négatif, mais le monopole privé non. Ainsi, la presse privée qui a prétendu pendant des mois que l'Irak possédait des Armes de Destruction Massive va-t-elle ici gagner un point au détriment de celle qui a soutenu le contraire, si elle est appartient à un État.
- le thème des journalistes tués avec implication de l'État –dont les armées dépendent– n'apparaît que dans un item sur cinquante alors que celui du monopole de l'État en compte 4.
- si la présence de milices armées vaut condamnation, aucun item ne fait référence à la présence d'une armée d'occupation qui contrôle la presse.
- la limitation de la mainmise des capitaux étrangers sur la presse d'un pays y est également condamnable –il s'agit là de dénier aux pauvres le droit de ne pas se laisser acheter !

Et tout à l'avenant. Il est facile d'imaginer d'autres questionnaires pareillement orientés en fonction du résultat escompté. Supposons, par exemple, que nous voulions faire conclure par un jury que RSF est une ONG détestable qui trompe les citoyens. Le questionnaire ci-dessous fera l'affaire. Surtout s'il est soumis à des personnes anonymes choisies par moi et à des organismes et ONG dont je sais qu'ils fonctionnent autrement que RSF, voire que leur inclination idéologique est à l'opposée de celle de la boutique de Robert Ménard. Bien choisir les items et les jurés, organiser l'opacité, telle est la règle du classement truqué.

Classement des ONG
Critères pour l'établissement du classement mondial 2007

1. Part des cotisations des adhérents dans le budget global de l'ONG
2. Part des différentes subventions émanant de ministères du pays siège de l'ONG
3. Nombre de sponsors privés du pays siège
4. Nombre de sponsors privés étrangers
5. Nombre de sponsors publics étrangers
6. Fonds versés par des organisations étrangères proches de services secrets (ou agissant pour eux)
7. L'ONG est capable de refuser des fonds exigeant une contrepartie politique (Oui/Non)
8. L'ONG est capable d'afficher spontanément les détails des fonds reçus (Oui/Non)
9. Part de ses ressources redistribuées aux personnes qu'elle est censée défendre
10. Transparence quant aux fonds redistribués (Oui/Non)
11. L'ONG affiche les contrats relatifs à la perception des fonds (Oui/Non)
12. L'ONG annonce toutes les demandes de fonds, même infructueuses (Oui/Non)
13. L'ONG affiche les clauses des demandes de fonds (Oui/Non)
14. L'ONG affiche les salaires des dirigeants (Oui/Non)
15. L'ONG affiche les éléments de train de vie des dirigeants (Oui/Non)
16. L'ONG affiche l'évolution de la fortune des dirigeants depuis leur entrée dans l'ONG (Oui/Non)

17. L'ONG est capable de résister aux dérives mercantiles (Oui/Non)
18. Concordance entre les déclarations publiques et les documents comptables (Oui/Non)
19. Vérifications des comptes par des experts non liés à l'ONG (Oui/Non)
20. L'ONG est capable de refuser des fonds destinés à des actions éloignées de sa mission (Oui/Non)
21. L'ONG reconnaît ses erreurs ou mauvais choix (Oui/Non)
22. Fréquentation par ses dirigeants de membres de services secrets étrangers (Oui/Non)
23. Actions clandestines de l'ONG dans des pays ennemis d'un sponsor étranger (Oui/Non)
24. L'ONG est capable d'établir des bilans exhaustifs, même s'ils dérangent un sponsor (Oui/Non)
25. L'ONG participe à des actions ne relevant pas de sa compétence (Oui/Non)
26. L'ONG participe à des actions visant à renverser un gouvernement (Oui/Non)
27. L'ONG est capable de propager des fausses nouvelles (Oui/Non)
28. L'ONG organise des actions violentes contre l'Office de tourisme d'un pays ciblé (Oui/Non).
29. L'ONG organise des actions violentes contre une ambassade arbitrairement choisie (Oui/Non)
30. L'ONG agit prioritairement contre les pays pauvres (Oui/Non)
31. L'ONG condamne prioritairement les pays pauvres (Oui/Non)
32. L'ONG minimise les exactions de pays sponsors (Oui/Non)
33. L'ONG entretient des relations avec des mouvements extrémistes (Oui/Non)

34. L'ONG est liée à des organismes qu'elle a vocation à critiquer (Oui/Non)
35. Le mode d'élection (ou de reconduction) de son secrétaire général est public (Oui/Non)
36. Nombre d'années pendant lesquelles il peut occuper son poste
37. Possibilité de mettre effectivement fin à ses fonctions (Oui/Non)
38. L'ONG affiche volontiers le nombre de ses adhérents (Oui/Non)
39. L'ONG affiche son organigramme complet (Oui/Non)
40. L'ONG peut menacer de porter plainte pour étouffer des critiques étayées (Oui/Non)
41. L'ONG tient des discours évolutifs en fonction des interlocuteurs (Oui/Non)
42. L'ONG rend spontanément publics les critères sur lesquels elle fonde ses jugements (Oui/Non)
43. L'ONG est capable de mesurer l'efficacité de son travail d'ONG (Oui/Non)
44. L'ONG favorise sa médiatisation au détriment de sa mission (Oui/Non)
45. L'ONG est capable de vérifier ses sources (Oui/Non)
46. L'ONG est capable d'organiser des rassemblements ne visant pas toujours les mêmes cibles (Oui/Non)
47. L'ONG est capable de dénoncer le pays qui tue le plus de personnes parmi celles qu'elle est chargée de défendre (Oui/Non)
48. L'ONG est capable de renoncer alors aux compliments et aux fonds de ce pays-là (Oui/Non)
49. L'ONG répugne à insulter les personnes qu'elle invite à dialoguer (Oui/Non)
50. L'ONG fustige tous les altermondialistes qui fustigent l'Empire (Oui/Non)

À quelle place de ce classement se situerait RSF ?

Conclusion

Chacun s'accordera sur la nécessité d'une ONG qui protégerait les journalistes. RSF occupe ce créneau et bénéficie d'importantes subventions publiques et privées, des aides en nature, qui font sa force. Pourtant, la défense de la liberté des journalistes victimes de l'appropriation de la presse par les puissances d'argent reste à entreprendre par cette ONG, ainsi que celle du droit des citoyens à une information objective et complète. La consubstantialité des intérêts des journalistes et des lecteurs est vitale pour la démocratie. *A contrario*, leur dissection est mortelle. RSF refuse d'examiner ces questions et participe activement à des opérations partisanes contre les pays du tiers-monde, entretenant un lancinant soupçon : est-elle une fausse ONG française, un instrument d'une politique qui dessert en fin de compte notre pays et les journalistes ?

Voici les paravents de la CIA qui alimentent RSF en dollars : la National Endowment for Democracy (NED) via l'United States Agency for International Development (USAID), le Center for a Free Cuba.

Voici deux personnages qui ont occupé des hautes fonctions dans ces deux généreuses officines : l'activiste Otto Reich qui travailla à la direction de la CIA et John Negroponte, ex-ambassadeur en Irak occupé, aujourd'hui patron de l'ensemble des services de renseignements US.

Voici un autre sponsor : l'Open Society Institute du milliardaire et magnat international de la presse George Soros, ami personnel de Bush, qui s'agite partout où peut être mis en place un gouvernement pro-états-unien.

Voici les fréquentations douteuses, les financements honteux, les hargnes sélectives, les indulgences infondées, les tentatives de dissimulations, les manipulations des chiffres, les vérités évolutives, les mensonges réitérés de RSF, le tout au service d'une cause sans rapport avec les objectifs affichés.

Observons son ardeur au travail contre les pays pauvres que l'Empire veut soumettre et son silence total sur les effets du financement de la presse dans les pays riches.

Notons sa mansuétude envers les « *bavures* » de l'*US Army*, ses « *oublis* » dans la comptabilisation de journalistes qui en sont victimes et posons la dernière pièce : le clin d'œil appuyé de Colin Powell à cette ONG – et à elle seule – dans un volumineux rapport qui détaille les modalités prévisionnelles de gestion, sous protectorat US, d'un pays d'Amérique latine prioritairement ciblé par RSF.

Alors, association humanitaire ou bras médiatique européen de la CIA et des faucons du Pentagone ?

Au lecteur de dire s'il lui semble que RSF est une officine trop proche de la CIA et si elle pourrait être poursuivie pour abus de confiance.

Cependant, il serait probablement injuste de mettre dans le même sac l'ensemble des personnes qui travaillent à (ou pour) RSF. Tout indique au contraire que son évolution perverse est le fait d'un petit nombre. On a vu, dans le passé, des départs et des démissions, significatives d'une absence de monolithisme de cette association. De plus, il s'agit plus ici d'analyser, d'appeler au ressaisissement, que de casser l'outil. L'existence d'une association internationale qui défendrait les journalistes partout – partout! –, quelles que soient les atteintes faites, non pas à leur *droit d'expression*, lequel inclus le droit de mentir impudemment, mais à leur droit de dire la vérité, quels que soient ceux qui attentent à ce droit, est nécessaire. RSF jouera-t-elle enfin ce rôle ou, choisissant la fuite en avant, éclaboussée chaque jour davantage par des révélations, minée par la défiance, abandonnée par la profession, subira-t-elle le sort d'autres associations terrassées par des scandales qui ont entraîné la déshérence du public dessillé et des riches donateurs soucieux de leur image de marque?

À elle de faire un choix s'il est encore temps et si son fonctionnement interne – la *«démocratie»*! – permet aux «dissidents» d'y faire entendre la voix de la raison auprès de leur indéboulonnable *Big chief*, Robert Ménard.

Dernière minute

Il nous paraît utile de citer ici les propos publics de Robert Ménard sur la torture. L'émission «Contre expertise», de Xavier De la Porte sur France Culture le 16 août 2007 (12h45 à 13h30) avait pour sujet: «La gestion des otages peut-elle être transparente?» Robert Ménard était l'un des invités. Il s'y est posé la question de la légitimité de la torture. Citant le cas de familles de preneurs d'otages torturées en représailles par les services de police au Pakistan, il fait mine de se demander jusqu'où il faut aller dans ces pratiques: «Moi je sais plus quoi penser». Il ajoute: «Je ne dis pas, je ne dirai pas qu'ils ont eu tort de le faire» et il livre le fond de sa pensée jusqu'alors implicite: «...moi, si c'était ma fille que l'on prenait en otage, il n'y aurait aucune limite, je vous le dis, je vous le dis, il n'y aurait aucune limite pour la torture. » Faut-il rappeler au patron de RSF que l'apologie de la torture est interdite en France, que même si les USA ont voté une loi pour en autoriser l'usage, elle est condamnée par l'ONU, la Convention de Genève, Amnesty international et par toutes les ONG ? Enfin : presque toutes les ONG.

ANNEXES

I

Otto Reich – Robert Ménard et Pernod-Ricard

Oui, décidément, RSF a des drôles de fréquentations. Selon Thierry Meyssan du Réseau Voltaire, les subventions du Center for a Free Cuba « résultent d'un contrat, signé en 2002, dont les termes ne sont pas connus[123] [...]. L'association est présidée par le patron des rhums Bacardi, dirigée par Frank Calzon, et articulée à une officine de la CIA, la Freedom House. Le contrat signé avec le Center for a Free Cuba a été négocié en 2001 avec le responsable de l'époque de cette organisation : Otto Reich, le champion de la contre-révolution dans toute l'Amérique latine. Le même Otto Reich, devenu secrétaire d'État adjoint pour l'hémisphère occidental, fut l'organisateur du coup d'État manqué contre le président élu Hugo Chávez ; puis, devenu émissaire spécial du président Bush, il supervisa l'opération d'enlèvement du président Jean-Bertrand Aristide ».

Plusieurs sources affirment que Reich a été conseiller auprès des législateurs qui ont élaboré la loi états-unienne Helms-Burton, cette aberration à prétention extraterritoriale qui ambitionne de régenter le commerce des entreprises du monde entier avec Cuba. Dan Risk, ancien conseiller du sénateur Jesse Helms a reconnu que Reich avait été l'un de ceux qui avaient apporté le plus de conseils lors de sa rédaction et qu'il avait assisté à l'audience législative du Congrès qui avait discuté de ce projet à titre d'expert légal.

Dans sa thèse de Doctorat en droit et économie du développement (2000) portant sur « la Gouvernance Globale » le

Français Marc A. Delplanque va plus loin. Il assure que c'est un puissant lobby, le groupe Bacardi, qui est à l'origine de l'adoption de cette loi. Puissance de la publicité, dans le monde entier, quand on boit du rhum Bacardi (fabriqué aux États-Unis), on croit boire du rhum cubain. Lorsqu'un concurrent français, Pernod Ricard, a créé un *Joint Venture* en 1993 avec les autorités cubaines pour la distribution du rhum cubain Havana Club, Bacardi s'est senti menacé et a demandé à Otto Reich, de rédiger un projet de loi interdisant les investissements étrangers sur des biens ayant appartenu à des exilés cubains. Reich a créé une structure autonome le U.S.-Cuba Business Council et formé un pool d'avocats pour la rédaction du projet de loi. Présentée par les sénateurs Helms et Burton, cette loi est souvent appelée « Loi Bacardi ».

On ne s'étonnera pas d'apprendre que, durant un séjour professionnel à Miami, – où il a été reçu avec tous les égards par l'Association pour la Troisième République Cubaine (ATREC), un organisme qui œuvre à renverser le gouvernement cubain depuis les USA –, le secrétaire général de RSF a donné une conférence sur – contre – Cuba à la Maison Bacardi de Miami[124]. Quant à Frank Calzon, c'est un agent recruteur de la CIA auprès de qui s'est affiché Robert Ménard à Bruxelles en mars 2004 lors d'une séance du Parlement européen consacrée à Cuba.

Bouclage d'une autre boucle : l'agence Saatchi & Saatchi qui travaille gracieusement pour RSF appartient au quatrième conglomérat de publicité du monde, le groupe Publicis, autre sponsor de RSF qui compte aux USA de gros clients dont l'un est l'armée et l'autre Bacardi.

II

Le double discours de RSF selon les médias et les circonstances

Le 5 avril 2006, je donnais au quotidien *Métro* une interview téléphonique au sujet d'un livre que j'ai co-écrit[125]. Je disais incidemment ce que j'ai démontré dans cet ouvrage : que RSF vise surtout la presse pauvre des pays pauvres, qu'elle s'est félicitée du coup d'État contre le président vénézuélien Hugo Chávez. J'ajoutais qu'elle est financée par des officines-écrans de la CIA. Craignant d'exposer la journaliste à des problèmes si elle publiait cette affirmation, je l'avais avertie du risque, en l'assurant que je comprendrais qu'elle ne le prenne pas. Bref, elle avait toute latitude pour couper une vérité qu'on peut lire un peu partout dans le monde (aux USA, au Canada, dans les pays latino-américains, en Afrique), qu'on trouve sur des dizaines de sites Internet, mais jamais dans un quotidien français[126]. La journaliste a courageusement décidé de rapporter l'intégralité de mes propos – et c'est ainsi que *Métro*, un journal gratuit, aura été le premier quotidien français à écrire ce que les autres, les quotidiens payants, savent, taisent... et devront dire demain !

La réplique a été fulgurante : une demande de droit de réponse et une menace de procès sont tombées dans les heures qui ont suivi la parution du journal. Le lendemain, *Métro*, publiait donc, sous le titre « Halte à la désinformation ! », une mise au point de Reporters sans frontières. Je la reproduis ici dans son intégralité, sans en changer une virgule :

Reporters sans frontières souhaite rectifier les propos inexacts tenus par Maxime Vivas, dans une interview intitulée « Le Sud, front de refus », parue dans Métro, *le mercredi 5 avril 2006, en page 5. Maxime Vivas affirme, tout d'abord, que Reporters sans frontières « ne s'occupe que de la presse pauvre dans les pays pauvres ». C'est faux. Nous sommes la seule organisation dans le monde à avoir publié, par exemple, un rapport détaillé sur des cas de journalistes emprisonnés par les États-Unis (cf. « Quand l'Amérique emprisonne des journalistes » sur notre site : www.rsf.org). Autre exemple : depuis le début de l'année 2006, nous sommes intervenus à plusieurs reprises pour dénoncer des atteintes à la liberté de la presse en Allemagne, en Australie, au Canada, en Espagne, aux États-Unis, en France, en Italie, au Japon, au Portugal et en Suisse. Des pays que l'on peut difficilement qualifier de... pauvres ! Ensuite, Maxime Vivas prétend que Reporters sans frontières a « félicité » Pedro Carmona après son coup d'État contre Hugo Chávez, en avril 2002. C'est une invention. Si, à l'époque, nous avons critiqué l'autoritarisme du président Chávez envers la presse, nous avons également dénoncé les « excès de l'anti-chavisme » et la dérive de certains médias qui n'hésitaient pas à publier de fausses informations, mettant parfois en danger des journalistes proches de Chávez. Enfin, il conclut en disant que Reporters sans frontières est une « ONG financée par des officines-écrans de la CIA ». Diffamation pure et simple. Les comptes de notre organisation – reconnue d'utilité publique – sont certifiés par des commissaires aux comptes indépendants et publics. En 2005, 52 % de nos ressources provenaient de la vente de nos albums photos, 20 % du mécénat d'entreprise, 14 % de subventions publiques et privées et 7 % de dons. Le détail de ces comptes est consultable sur notre site Internet. Au-delà de ce droit de réponse, Reporters sans frontières se réserve le droit de poursuivre Maxime Vivas en justice. »*

Le 10 avril, *Métro* publiait cette courte précision que je leur ai envoyée par courriel :

À la suite de la réponse de RSF (6 avril) à l'interview téléphonique que j'ai accordée la veille à Métro, *je signale qu'une erreur de transcription m'a fait dire que RSF avait félicité les putschistes vénézuéliens. Il fallait lire: RSF s'est félicité du coup d'État. Dont acte.*

Sur ce point et sur le financement de RSF par des officines-écrans de la CIA, je suis en mesure de fournir à qui le veut des informations détaillées, irréfutables et attestées. Je m'étonne enfin qu'une ONG créée pour défendre la liberté d'expression soit si prompte à agiter les menaces de poursuites judiciaires pour museler un contradicteur.

J'aimerais maintenant ajouter ceci:

1. Le commissaire aux comptes sans cesse invoqué par RSF comme garant de la transparence de sa comptabilité a fait des petits, spécialement pour les lecteurs de *Métro*. Les rejetons sont même devenus «indépendants et publics» [sic]. Ils ont malheureusement vécu l'espace d'un droit de réponse. Le site de RSF n'a même pas eu le temps de remarquer leur fugace existence.

2. Il ne suffit pas à d'éphémères commissaires aux comptes d'être «indépendants et publics». Encore faudrait-il qu'ils sachent compter. Or, aucun –aucun!– des pourcentages livrés par RSF aux lecteurs de *Métro* –et prouvant ma mauvaise foi– n'est exact. Non seulement ils sont tous –tous!– contredits par ceux qu'affiche le site Internet de RSF, mais, pour qui sait faire une addition, ils n'atteignent pas 100% (52%+20%+14%+7%=93%).

3. La liste fournie par RSF sur ses interventions dans dix pays riches est de la poudre aux yeux, *le minimum syndical*, les fameux «*leurres*». Le jour de la parution du droit de réponse de RSF, aucun ne figurait d'ailleurs en première page de son site, lequel épinglait huit pays pauvres.

4. Enfin, dois-je encore rappeler que le site Internet de

RSF confesse désormais les subventions des officines-écrans de la CIA que sont le Center for a Free Cuba, la National Endowment for Democracy (NED) et laisse apparaître un autre sponsor : l'Open Society Institute de George Soros ?[127] Pourquoi RSF les cache-t-elle aux lecteurs de *Métro* ?

De surcroît, RSF avance que « le détail » de ses comptes « est consultable sur [son] site Internet. » C'est faux. RSF y livre des chiffres et pourcentages globaux – dont on vient de voir qu'ils fluctuent au gré des circonstances et des interlocuteurs –, c'est-à-dire non détaillés et, à les lire, nul ne peut savoir par exemple le montant des versements par sponsors. Or, il est indispensable de savoir qui finance – comment, combien – une organisation pour savoir qui elle est. « De quel lieu me parles-tu ? » demandaient les anciens.

III

Un débat public «acrimonieux»

Le 28 avril 2005, Robert Ménard était au Québec. Il participait à un débat au Centre d'études et de recherche internationale de Montréal avec Abdel Alrahim Fokara, correspondant d'A-Jazira aux Nations Unies et Serge Michel, grand reporter, lauréat du Prix Albert Londres 2001 et auteur du livre *American Chaos*. Le débat a été filmé et il peut être vu via Google[128].

Très vite, il est apparu que l'essentiel des questions, posées par des simples curieux ou des journalistes, s'adressaient à Robert Ménard et qu'elles étaient loin d'être naïves. Plus construites en tout cas que les improvisations du patron de RSF. Par exemple, Robert Ménard affirme: «Aux USA, la menace terroriste justifie des comportements condamnables». Passons sur l'oxymore: des comportements qui seraient à la fois *justifiés* et *condamnables*. Il est, par contre, intéressant d'observer que, dans les pays pauvres, les menaces de coup d'État ou d'invasion, les appels publics au meurtre du chef de l'État ne peuvent jamais, aux yeux de RSF, servir de justification à la réglementation des lois sur la presse. Notons les cas exceptionnels pour RSF des pays où les États-Unis interviennent – Irak, Haïti. Notons aussi la compréhension de RSF pour les alliés traditionnels des USA, comme l'Espagne de Aznar qui peut règlementer à cause de l'ETA[129].

Cependant, Robert Ménard jure, contre l'évidence même: «Nous n'avons pas d'indignation à géométrie variable.» Tel n'était pas l'avis des intervenants, dont le premier ayant posé une question sur le journaliste Sami Al-Haj emprisonné à

Guantanamo a eu la surprise de voir Robert Ménard se lancer dans une réponse interminable (4 minutes et 39 secondes) et décousue dont on doit extraire cette perle, relative aux tirs des soldats états-uniens contre les journalises en Irak: « On pourrait dire, c'est la guerre et à la guerre, les balles, elles ne choisissent pas qui vous êtes ». Comme si les balles étaient autonomes dans le choix de leur direction! Mais surtout, l'interminable réponse présentait la double particularité de traiter de choses étrangères à la question et de ne jamais laisser sourdre sur les lèvres de l'orateur le nom du journaliste qu'il aurait dû défendre et sur lequel il était interrogé. La remarque lui en ayant été faite, il reprit la parole pendant 40 secondes sans pour autant prononcer le nom tabou. Il a fallu que l'animateur intervienne en interrogeant un autre invité, Sammer Khader, d'Al-Jazira, pour que le nom de Sami Al-Haj soit dit à la tribune et que son sort soit évoqué. À un autre intervenant, Robert Ménard demanda plusieurs fois de se taire après l'avoir traité de « perroquet » et, s'étant débarrassé d'un contradicteur par l'obtention de son silence forcé, il put lui reprocher à chaque phrase, sans en savoir rien, son manque d'effort pour se renseigner et son ignorance. Ainsi voit-on des pseudos partisans du dialogue clouer le bec de l'interlocuteur bâillonné. Les mauvais footballeurs « jouent le bonhomme » quand ils ne peuvent toucher la balle.

De même, interpellé sur les subventions perçues par RSF, Robert Ménard affirma qu'elle ne touche pas d'argent de Miami, ne souffla mot du Center for a Free Cuba (sponsor de RSF depuis 2002, redisons-le) et de l'Open Society Institute, concéda être financé par la NED et l'USAID, ajouta, légèrement provocateur, que ça ne lui posait « absolument aucun problème », le répéta trois fois et termina par un péremptoire: « Le débat est clos ». Taisez-vous Elkabach!

Il reste que, si l'orateur, doté d'un micro a pu occuper le terrain et gronder les impertinents dans la salle, le venin du doute a néanmoins pénétré les cent cinquante participants.

L'autre fait marquant est que, contrairement à ce qui se passe en France, il a été interrogé en direct par des journalistes sur ses sources de financement et sur ses prises de position trop souvent alignées sur celles de l'Empire. Sous le titre : « Questions troublantes pour Reporters sans frontières. RSF est financée en partie par des groupes proches de Washington », Marc Thibodeau, du journal *La Presse*, rendait compte ainsi (30 avril 2005) du séjour de Robert Ménard au Québec :

Le secrétaire général de RSF, Robert Ménard, qui était de passage cette semaine au Québec, a déclaré lors d'un débat acrimonieux tenu jeudi à l'Université du Québec à Montréal que son organisation disposait de fonds de USAID, agence d'aide internationale du gouvernement américain, et de la National Endowment for Democracy (NED), un organisme «privé» voué à la démocratisation de la planète qui est largement financé par le Congrès des États-Unis [...].

Lors d'un entretien subséquent avec La Presse, *M. Robert Ménard a indiqué que les sommes reçues de la NED et de USAID pour l'année à venir représentaient moins de 2 % du budget de RSF, qui totalise plus de cinq millions de dollars. Plus de 90 % du total est récolté, selon l'organisation, par la vente d'albums bénéfices.*

Le secrétaire général a précisé par ailleurs que les sommes venant de la NED sont réservées au soutien de journalistes africains et que, à ce titre, ne peuvent constituer une source potentielle de conflit d'intérêts. « Ce serait stupide de refuser cette somme », a-t-il affirmé. [...] L'action de la NED a souvent été évoquée lors des renversements de régime survenus au cours des dernières années dans l'ex-Empire soviétique. Le sénateur républicain William Frist et l'ex-général Wesley Clark, candidat battu à l'investiture démocrate en 2004, figurent parmi ses administrateurs.

Selon son site Internet, USAID se donne pour mandat d'améliorer la vie des citoyens dans les pays en développement tout en fa-

vorisant la politique étrangère américaine par son soutien à « l'expansion de la démocratie et des libres marchés ».

[Robert Ménard...] écarte comme « indécente » l'idée qu'il faille placer sur un pied d'égalité les problèmes des médias des pays développés et ceux des pays en émergence.

Dans ce qui vient d'être dit par Robert Ménard, nous allons lever un nouveau mensonge. Plus de 90 % de son budget serait récolté par la vente d'albums ? C'est incontestablement impossible. N'importe qui comprendrait que la kyrielle des puissants sponsors de RSF n'abonde pas au total pour à peine 10 % à son budget. On a vu par exemple que des ministères, des officines US, des grandes entreprises, sponsorisent RSF. Et pour le vérifier, il suffit, une fois de plus, de consulter les comptes publics de RSF publiés au moment où Robert Ménard parlait (budget 2004). Ils annonçaient que les ressources propres de RSF atteignaient, non pas 90 % du budget total par la vente d'un album, mais 67 % et ce, par la vente de deux albums, de trois calendriers, de la publicité dans les albums, de ventes aux enchères, des abonnements aux publications de RSF. Pour 2005, ces ressources propres (les bénéfices commerciaux) représentent 54 % du budget de RSF.

Ainsi donc, qu'il s'agisse des résultats de l'économie vénézuélienne, du nombre de journalistes tués en Yougoslavie, des subventions US, du coût des campagnes publicitaires réalisées par une agence états-unienne, de ses ressources propres de 2003[130] de celles de 2004[131], de celles de 2005[132], de purs mensonges nous sont servis avec une rare désinvolture puisque certains découlent d'évidentes distorsions entre les écrits de RSF et les propos de son chef, d'autres de variations dans les écrits en fonction de la nature des interlocuteurs. Et ne disons rien du mystère dans le détail des subventions par sponsors, du flou dans l'usage fait de l'argent privé et public, de la totale opacité quant au salaire du patron de RSF.

IV

Difficile dialogue entre l'auteur et RSF

S'il m'a été facile ici d'aligner un grand nombre d'éléments mettant gravement en cause RSF, quelques informations me manquaient et d'autres me paraissaient incertaines. J'ai alors décidé, après les menaces proférées quelques mois plus tôt par RSF à mon encontre, de dédramatiser en initiant un dialogue où les exigences de ma curiosité laissaient toute sa place à une apaisante courtoisie. C'est ainsi que, le 20 août 2006, j'adressai à Robert Ménard, aux responsables de RSF pour l'Amérique latine et pour l'Europe, le mail suivant :

« Messieurs,

Association reconnue d'utilité publique, RSF est tenue de publier ses comptes. Votre site Internet souscrit partiellement à cette obligation, mais de manière globale. Or, après notre échange du mois d'avril 2006, via Métro, *je suis soucieux de ne rien dire ou écrire sur RSF que je ne tiendrais de source sûre.*

À cette fin, je vous saurais gré :

1. de bien vouloir m'indiquer la répartition, par sponsors français et européens, des fonds reçus en 2005 et le montant des sommes émanant depuis 2002 du Center for Free Cuba ; celles-ci ont-elles fait l'objet d'une demande et d'un contrat, comme l'affirme le Réseau Voltaire ? Si oui, est-il possible d'en avoir copie ?

2. de me renseigner pareillement sur les fonds annuels provenant de la National Endowment for Democracy et, le cas échéant, de l'International Republican Institute. Ces fonds ont-ils fait l'ob-

jet de demandes ? Si oui, est-il possible d'en avoir une copie ainsi que des réponses et des éventuels contrats ou engagements ?

3. de me signaler si, pour l'obtention de ces dollars, RSF a consenti à des engagements ou contreparties ?

3. de bien vouloir m'indiquer le nombre d'adhérents de RSF et, pour 2005, la part des cotisations seules dans votre budget (vos comptes indiquent que 9 % de votre budget proviennent de « cotisations et dons ») ?

4. de me communiquer votre rapport 2000 faisant état des événements survenus en 1999 en Yougoslavie. Il ne figure plus sur votre site qui me renvoie à une page blanche quand je clique sur le lien : www.rsf.org/article.php3?id_article=13647

5. de me fournir la liste des critères retenus pour l'établissement annuel de votre classement des pays respectueux de la liberté de la presse ainsi que les noms des personnalités ou organisations qui participent à ce classement.

6. enfin, de me faire parvenir la composition de votre Conseil d'Administration en précisant à quel titre chaque membre en fait partie (fonctions occupées par ailleurs...).

Je vous remercie de bien vouloir me répondre aussi précisément que possible et d'amorcer ainsi un dialogue qui, au-delà de nos divergences indéniables, favorisera la transparence nécessaire à l'information du public.

Veuillez agréer, Messieurs, l'expression de mes sentiments distingués.

Maxime Vivas.

PS. Parce que j'affectionne la circulation rapide des informations et que je répugne à entrer dans un dialogue procédurier, je vous envoie cette requête par simple courriel et non par lettre recommandée. Pourriez-vous cependant m'en accuser réception ? »

Dès le 22 août, je recevais une longue réponse (neuf pages) de Jean-François Julliard, responsable de l'information à Reporters sans frontières. Je le remerciai aussitôt pour sa célérité, puis je me plongeai dans l'analyse de son courriel.

J'appris ainsi que RSF compte en tout 1500 adhérents dont les cotisations, en 2005 représentent «65400 euros, soit 2% du budget global». Autrement dit, 98% des ressources de RSF ne proviennent pas de ses adhérents et ceux-ci, à eux tous, ont moins abondé le budget que la seule officine états-unienne, le Center for a Free Cuba, dont la contribution en 2005 a été de 92330 euros. Quant aux dons – à ne pas confondre avec les subventions ou les achats de produits RSF –, s'ils ne représentent que 7% du budget, c'est de toute évidence dû à la faiblesse de la base adhérente et peut-être à un sentiment confus de suspicion chez les donateurs potentiels. À titre de comparaison, depuis la création de Médecins sans frontières (MSF), plus d'un million de Français ont fait des dons ponctuels ou ont accepté des prélèvements automatiques réguliers.

Le reste de la réponse était malheureusement insatisfaisant et je décidai d'adresser à mon interlocuteur, le 25 août, un autre courriel, tout aussi policé, mais empreint d'une certaine déception.

En effet:

1. Ma question sur le détail des fonds reçus en 2005, par sponsors français et européens, obtenait une réponse sur les sponsors publics –et sur *Ouest-France*!–. Pour le reste, RSF me renvoyait à un lien fournissant *la liste* des sponsors privés.

2. En guise du rapport annuel 2000 où l'on trouve le bilan, par pays, des journalistes tués en 1999, RSF me fournissait un lien renvoyant à un communiqué hors sujet dont chacun peut prendre connaissance sans problème sur son site.

Par contre, RSF m'a transmis, entre autres, un organigramme (peu détaillé. Voir annexe V: «Le vrai organigramme»), le détail (en anglais) des engagements de RSF pour percevoir les fonds de la NED (texte très langue de bois), la somme versée par la NED en 2005, le détail des sommes perçues du Center for a Free Cuba – que Ménard oublie fréquemment de mentionner quand on l'interpelle. Sur ce dernier point, RSF acceptera volontiers de me fournir une copie du contrat si la partie US l'y autorise. Elle l'informera de son accord. Inutile de dire que le CFC ne m'a jamais répondu.

J'ai profité de mon second courriel pour m'enquérir de la date à laquelle (mois de 2004) RSF a formulé sa sollicitation de fonds à la NED.

RSF soutenant dans son mail ne rien avoir reçu de l'IRI, j'ai voulu savoir si une demande avait été faite auprès de cet organisme et/ou auprès d'organismes états-uniens autres que la NED et le CFC ?

La question des salaires est tabou en France et je ne n'ai pas voulu être indiscret. Cependant, certaines ONG, soucieuses de transparence, fournissent des fourchettes de salaires non nominatifs : les plus bas, les plus hauts. RSF pourrait-elle faire ça ?

Je terminai par une copie de la requête que je venais d'adresser au Center for a Free Cuba.

Par un nouveau courriel du 29 août, RSF a fait mine de me répondre. Voici l'essentiel des éléments nouveaux, s'ajoutant à ceux que j'ai déjà rapportés au fil de ses pages : « Non, il n'est pas possible de vous donner le détail par sponsor. Pour la simple raison que certains de ces sponsors ne le souhaitent pas. En revanche, je peux vous dire que les sommes perçues par sponsor vont de 5 000 à 30 000 euros. À l'exception de Sanofi qui a payé l'organisation d'une exposition pour les vingt ans de Reporters sans frontières sur les grilles du jardin du Luxembourg. » Nous avons donc des sponsors honteux, sauf un, qui affiche une grande générosité.

À ma deuxième demande du rapport annuel 2000 où l'on trouve le bilan des journalistes tués en 1999 – et qui est remplacé par une page blanche sur le site de RSF –, J.F. Julliard botte en touche en m'envoyant des fichiers qui, eux, figurent sur Internet. Je renonce.

Pour les salaires, les plus bas sont de 1700 euros net par mois et celui de mon interlocuteur de 2300 (il est par ailleurs salarié du *Canard Enchaîné*). Mais ce n'était pas tout à fait ce que je demandais. En proposant une fourchette, je souhaitais avoir une idée des salaires les plus hauts – celui de Ménard, par exemple. Je renonce aussi.

Quant aux subventions US, toujours rien de l'IRI mais: « En revanche, nous avons fait une demande auprès de la Fondation Ford qui a été refusée. Par ailleurs, nous avons reçu pour l'année 2006 une dotation de 30 000 dollars de la Fondation Overbrook (première dotation). Et en 2003 de la Fondation Real Networks (26 000 euros, dotation qui n'a pas été renouvelée). C'est tout pour les États-Unis. » C'est tout et c'est suffisant pour appeler une question suspicieuse: Comment se fait-il que les USA soient le seul pays étranger qui subventionne RSF via des agences alimentées par des fonds gouvernementaux? On dirait que l'ONG se fait payer une prestation qui, n'ayant pas été exécutée pour le compte de la Grande-Bretagne ou du Japon, ne saurait être payée par Londres ou par Tokyo.

La Fondation Ford fut dirigée un temps par Mc George Bundy, un ex-conseiller de Kennedy, qui influa sur la politique états-unienne au Vietnam, mais ne fut pas suivi quand il préconisa une attaque aérienne massive contre Cuba. Cette Fondation, experte dans l'art de brouiller les pistes, est capable de gagner les cœurs par des actions humanitaires, tout en soutenant les pires causes. Son jeu est complexe, mais pas suffisamment pour qu'elle n'apparaisse pas, à la longue, pour ce qu'elle est: un cheval de Troie de la CIA. En France, elle a phagocyté nombre d'intellectuels. Certains en ont fait le constat désolé : « Bienheureuse innocence des intellectuels ! Quand un combat les tient, ou simplement le plaisir d'être reconnus et invités à des congrès, ils ne demandent jamais d'où vient l'argent. Aux critères retenus actuellement par certains juges pour incriminer tel homme politique ou tel journaliste de « complicité d'abus de bien social », on connaît peu de professeurs ou d'écrivains qui seraient dignes de s'en sortir sans amnistie. Raymond Aron raconte, dans ses *Mémoires*, son embarras lorsqu'il découvrit, à la fin des années 1960, que le Congrès pour la liberté de la culture, officiellement financé par la fondation Ford et par quelques crédits européens, et dont il était un des phares, était soutenu, en coulisse, par la CIA. Pour un mouvement international censé réunir, en totale indépendance, la fleur de l'intelligence occidentale contre le stalinisme, et dont les revues *Liberté de l'esprit* et surtout *Preuves*, furent, en France, le bras séculier, on se serait passé de la caution. »[133]

Quarante ans plus tard, et alors qu'il n'est plus possible d'être trompé, RSF recherche cette caution.

Naguère, Robert Ménard jurait sur toutes les estrades et dans tous les journaux : « Rien de la part du gouvernement américain ». Contraint et forcé, Jean-François Julliard le contredit aujourd'hui en fournissant une liste de sponsors leur distribuant l'argent débloqué à la demande du gouvernement US. Puis il affirme : « C'est tout pour les États-Unis. » Est-ce bien sûr ? Le journaliste canadien Jean-Guy Allard, en poste à La Havane d'où il étudie, en liaison avec des journalistes états-unien, le fonctionnement de RSF dans le continent américain, écrit le 18 avril 2006 dans *Granma International* que le dernier rapport d'impôt déposé par RSF aux États-Unis révèle des tentatives pour obtenir des donations privées auprès d'autres organisations. « 75000 dollars dont 40 000 sont venus de l'entreprise téléphonique Working Assets. » Si cette information est exacte, pourquoi Jean-François Julliard, la passe-t-il sous silence quand il m'écrit en août 2006 ? Jean-Guy Allard précise que RSF a fait plusieurs demandes infructueuses auprès d'autres donateurs potentiels US. Si c'est vrai, pourquoi Jean-François Julliard ne me parle-t-il que de la Fondation Ford ?

La défiance qui s'exprime ici serait injustifiée s'il n'était avéré que, dans le passé – assurément depuis 2002 –, RSF a dissimulé certains revenus. Ce genre de questions n'aura plus de raison d'être dès que RSF rendra véritablement public le détail de ses comptes.

V
L'organigramme de RSF

En réponse à mon courriel du 20 août 2006, RSF m'a communiqué un tableau alphabétique indiquant scrupuleusement la nationalité de tous les membres de son Conseil d'Administration – tous français – et la date de leur élection – tous en mai 2005 –, leur métier, mais rien sur leurs employeurs. Je suis aimablement invité à aller chercher cela sur Google !

Le bureau n'est pas distingué du C.A. dans la liste. En fait, j'ai reçu un document moins complet que celui que m'avait adressé en juillet une étudiante travaillant à un mémoire de DEA sur RSF, et qui m'avait déjà permis de faire moi-même ces recherches, avec un risque d'erreur (problèmes d'homonymies) et d'incomplétude qui auraient pu être évités si RSF avait consenti à me répondre. Ces réserves faites sur mon document, je le livre ci-dessous.

Le Bureau

Pierre Veilletet, président de RSF. Ancien rédacteur en chef de *Sud Ouest*. Il contribue à la revue *Médias*.

Daniel Junqua, vice-président de RSF. Journaliste au *Monde* de 1967 à 1985, vice-président de la section française de Reporters sans frontières et membre de son Comité exécutif international. Il représente RSF au conseil d'orientation du Centre de Liaison de l'Enseignement et des Moyens d'Information (CLEMI). Il est par ailleurs administrateur des Amis du *Monde diplomatique* et de la Fondation Seydoux pour la Méditerranée.

Patrick Pépin, trésorier de RSF, ex-directeur de l'information de RFO, nommé (1999) directeur général adjoint à Radio France chargé des antennes locales et de l'action régionale. Il aura en charge les 38 radios locales de Radio France, les 9 stations FIP, les programmes thématiques Urgences de Paris et Lille et la banque de programmes Sophia. Médiateur pour Radio France et président coordinateur pour l'année 2006-2007 du club des médiateurs de la presse.

Jean-Michel Boissier, co-fondateur et ancien directeur de la rédaction de *Courrier International*. Aujourd'hui, il est rédacteur en chef aux éditions Atlas.

Dominique Gerbaud, rédacteur en chef de *La Croix*.

Alain Mingam, reporter-photographe à l'agence Sipa-Press, mais aussi chez Gamma dont il devient rédacteur en chef, puis chez Sygma où il occupe le poste de directeur des rédactions.

Jacqueline Papet, rédactrice en chef de Radio France internationale (RFI).

LE C.A.

M. Alexandre Balguy-Gallois, chargé d'enseignement (Paris 1), conseiller juridique de Reporters sans frontières, membre du Centre de Recherches et d'Études sur les Droits de l'Homme et le droit humanitaire (CREDHO-Paris Sud), membre du Comité directeur du Réseau Damoclès, ancien enquêteur accrédité par le Tribunal pénal international des Nations Unies pour le Rwanda (Prévention et règlement des conflits: droit et diplomatie).

Anne Brucy, directrice de la communication de France 3

(en 1999), ex-directrice de la communication et des relations extérieures d'Havas.

Jean-Louis Buchet, correspondant en Argentine pour RFI, *La Tribune*, France Culture.

Georges Charrières, journaliste au *Courrier Picard*.

Jean-Marie Charon, sociologue des médias, chercheur au CNRS. Il a publié plusieurs ouvrages et articles sur la pratique du journalisme.

Noël Copin, président d'Honneur de RSF, ancien directeur de l'information à Antenne 2 et ancien directeur de la rédaction à *La Croix*. Médiateur de RFI.

Alain le Gouguec, secrétaire général de la rédaction de France Inter.

Pierre-Bernard Hallet, journaliste au *Parisien Libéré* (?).

Pierre Lemoine ? Nombreux homonymes.

Gilles Manceron, historien, est le rédacteur en chef de la revue de la Ligue des Droits de l'Homme, *Hommes et Libertés.*

Odile Marquant-Berthoux ? Inconnue.

Evelyn Mesquida Mas, journaliste espagnole correspondante du *Tiempo* à Paris

Claude Moisy, président l'Agence France-Presse de 1990 à 1992, a commencé sa carrière à *Ouest-France.*

Christine Ockrent. *No comment.*

Danielle Ohayon, journaliste spécialiste des médias à France Info.

Martine Ostrovsky, avocate et ancienne responsable juridique de l'AFP.

Pierre-Emmanuel Richard, ex-directeur des Nouvelles Messageries de la Presse Parisienne (NMPP).

Jean-Louis Saporito, a créé et dirigé l'Agence de Presse Point du Jour de 1988 à 1999.

Chris Trabys, documentaliste lycée.

En septembre 2007, RSF a annoncé l'entrée dans son C.A.

de Robert Redeker, professeur de philosophie qui fut menacé sur Internet (par un extrémiste religieux) pour un article hostile à l'Islam qu'il avait écrit dans *Le Figaro*.

RSF a (ou a eu) un pied dans *Sud-Ouest, Médias, Le Monde, Le Monde Diplomatique,* RFO, Radio France, FIP, *Courrier International,* les éditions Atlas, *La Croix,* les agences Gamma, Sipa, Sygma, RFI, FR3, Havas, RFI, *La Tribune,* France Culture, *Le Courrier Picard,* Antenne 2, *Le Parisien,* l'AFP, France Info, les NMPP.

Ciel ! La presse va-t-elle parler de ce livre ?

Le Conseil international de Reporters sans frontières est présidé par l'Espagnol Fernando Castello flanqué de deux vice-présidents : Rubina Moehring (autrichienne) et François Bugingo (canadien). Le trésorier en est Michel Schwery (suisse).

VI

Comment demander de l'argent aux états-uniens ?

Ce long imprimé tatillon[134], que RSF remplissait avec efficacité tandis que son chef, à le croire, n'était au courant de rien, est fourni par la NED (FND en français) aux soumissionnaires impécunieux – ou cupides.

Détail amusant, on y découvre qu'en acceptant ses clauses, RSF reste libre de financer « les activités des groupes de pression dont l'objet est d'influer sur la politique publique » de tous les pays, sauf un. Faut-il préciser lequel ?

« **FONDATION NATIONALE POUR LA DEMOCRATIE**
INSTRUCTIONS POUR LA PREPARATION DES PROJETS

L'objet du présent document est de vous conseiller dans la rédaction de votre projet à l'intention de la Fondation Nationale pour la Démocratie (FND). Ce plan a été connu pour vous aider à formuler votre demande avec précision et donner à la Fondation les renseignements requis afin que votre demande soit dûment considérée. Veuillez nous fournir toutes les précisions possibles en vue de faire comprendre clairement votre projet.

TITRE DU PROJET
Ville/Pays
I. SOMMAIRE

Résumer votre projet de façon claire et concise (un ou deux paragraphes).

II. GENERALITÉS

Décrire les conditions politiques, économiques et/ou sociales susceptibles d'influer sur le cours de la démocratie dans le pays ou dans la région de mise en oeuvre de votre projet. Exposer les besoins ou les problèmes en cours et expliquer brièvement dans quelle mesure votre projet répondra à ces besoins ou contribuera à résoudre ces problèmes.

III. OBJECTIFS DU PROJET

Enoncer les objectifs précis à atteindre dans le cadre du projet, moyennant une subvention de la Fondation. Ces objectifs devront être en rapport avec les besoins ou problèmes spécifiques énoncés au paragraphe II. Ils devront être clairement définis (voir exemples suivants) :

1) encourager la mise en place du cadre juridique propre à garantir la liberté de la presse (préciser le pays) ;

2) parfaire les aptitudes à diriger des militants et renforcer les capacités d'organisation des associations locales de défense des droits civiques.

Il faudra mesurer ces objectifs dans la mesure du raisonnable et ce faisant pouvoir les évaluer.

Par conséquent, un objectif comme «promouvoir l'essor de la démocratie dans le pays» est bien trop vague et se prête difficilement à des mesures. Les objectifs du projet devront être plus limités en envergure et dans le temps et devront préciser les résultats à obtenir au moyen des crédits demandés pour ce projet particulier. Etablir une distinction entre objectifs à court et à long terme, si besoin est.

IV. ACTIVITES DU PROJET

Décrire en détail les activités envisagées dans le cadre de votre projet. Les activités sont les moyens qui permettront de réaliser les objectifs établis. Il faudra définir ces activités avec clarté et bien développer les renseignements présentés. Il faudra quantifier ces activités dans la mesure du possible.

Par exemple, si l'activité prévue est une série de séminaires, préciser les renseignements suivants : durée (nombre de jours), nombre de sessions par jour, nombre et type de participants escomptés, thèmes d'études, conférenciers invités, plans prévus pour la diffusion des documents d'atelier, etc. Indiquer également les dates de début et de fin de projet.

V. PLAN D'EVALUATION

Décrire brièvement un plan d'évaluation du projet au terme de sa mise en oeuvre. L'objet de cette étude est de déterminer dans quelle mesure les objectifs du projet ont été atteints. Ce plan ne doit pas simplement énoncer votre intention d'évaluer le projet. Il devra brièvement préciser :

- *le changement ou le résultat escompté si le projet atteint ses objectifs;*
- *les moyens de trouver des preuves tangibles du changement ou des résultats obtenus (résultats électoraux, procès-verbaux des tribunaux, documents législatifs ou judiciaires, reportages des médias, bénéficiaires visés, etc ...);*
- *les modalités de collecte des informations (entrevues, sondages officieux, obtention des documents pertinents, questionnaires, suivi des médias, de la législation, observations personnelles).*

Ce plan d'évaluation sera fonction de la nature de votre projet, de la somme requise, des délais nécessaires à la concrétisation du projet et du climat politique en vigueur dans votre pays. L'idée est de définir un moyen raisonnable pour évaluer dans quelle mesure les objectifs définis ont été atteints, compte tenu des facteurs spécifiques à votre projet.

EXEMPLES:

- *Il faudra suivre toute mesure législative favorable à l'adoption d'une loi sur la liberté de la presse en vue de déterminer les progrès accomplis pour l'établissement du cadre juridique adéquat.*
- *Il faudra effectuer des entrevues avec certains participants aux ateliers d'études en vue d'illustrer avec précision comment les connaissances acquises ont servi à la mise en œuvre d'initiatives locales pour la défense des droits civiques.*

Il convient aussi d'obtenir les avis des participants aux activités même si cela ne permet pas de définir dans quelle mesure les objectifs ont été atteints. On pourra inclure le type de déclaration suivant, le cas échéant :

- *Les participants au séminaire sont priés de remplir un questionnaire en vue d'évaluer la pertinence des documents présentés et l'intérêt de l'exposé. Les réponses seront analysées et permettront d'améliorer la qualité des programmes dans ce domaine.*

VI. RENSEIGNEMENTS SUR L'ORGANISATION

Décrire les qualifications de votre organisation pour mettre en oeuvre le projet concerné. Donner des renseignements sur la taille de votre association, son rayon d'action géographique et ses caractéristiques professionnelles ou politiques. Préciser le nom des membres du Conseil d'administration, le cas échéant. Faire également un bref historique de votre organisation et décrire le type de travaux effectués dans le passé. En outre, identifier les personnes clés qui seront responsables de la mise en oeuvre du projet et préciser leurs qualifications.

VI. BUDGET

En premier lieu, indiquer l'enveloppe totale de crédits demandée pour votre projet. Puis, présenter pour chaque demande un budget par poste, par année complète ou partielle.

Présenter le budget par poste de la façon suivante :

(POSTE)
(sous-rubrique) (total partiel)
(sous-rubrique) (total partiel)
(sous-rubrique) (total partiel)
(TOTAL)

Le budget devra être en rapport direct avec les activités du projet décrit. Si, par exemple, la section « Activités du projet » fait état de quatre seminaires, le budget devra clairement indiquer les coûts à encourir pour le succès de leur mise en oeuvre. (Se reporter à la pièce jointe pour une description des catégories de coûts à inclure dans chaque grande rubrique budgétaire et des types de coûts admissibles au titre des subventions de la Fondation). Préciser également les autres sources de financement envisagées pour ce projet, qu'il s'agisse d'un soutien monétaire ou en nature, d'une assistance nationale ou étrangère, et indiquer les noms et les adresses de tous les organismes de financement à qui ce projet a été soumis.

Pièce jointe

DESCRIPTION DES POSTES BUDGETAIRES

SALAIRES

Compris : *les rémunérations du personnel employé à titre régulier. Il faudra inclure dans le budget le titre des personnes à rémunérer et préciser s'il s'agit de salaires complets ou partiels. En cas de rémunération partielle, il faudra préciser en pourcentage le temps de travail couvert par le salaire. (Voir aussi « Avantages sociaux, allocations et impôts » pour la question du 13e mois).*

Non compris : *les honoraires des experts-conseils, les traitements, la rémunération des temporaires et autres émoluments au titre de services. (Voir les catégories supplémentaires ci-dessous).*

ESPACES DE BUREAU ET CHARGES

Compris : *le loyer des espaces de bureau et les ch1arges telles que : électricité, chauffage et eau.*

Le montant du loyer et des charges devra être indiqué séparément.

Non compris : *les charges locatives des salles requises pour la tenue de réunions ou de conférences (qui relèvent de la rubrique « Autres coûts directs »).*

FOURNITURES ET MATERIEL

Compris : *les dépenses pour l'achat de matériel et de fournitures aux fins d'utilisation dans lecadre du projet. Il faudra indiquer le prix de chaque pièce de matériel d'une valeur excédant 500 $ et le coût unitaire. Voici un exemple :*

Ordinateur et matériel périphérique 3 000 $

Machines à écrire (2 à 800 $) 1 600 $

Le budget « matériel » devra inclure : coût du matériel périphérique, frais de transport, d'assurance en transit, taxes et coûts d'installation. Quand le montant des fournitures dépasse 10 pour cent du budget total, ces dépenses doivent être ventilées de façon détaillée.

Non compris : *les charges locatives du matériel en location directe ou en location avec option d'achat (ces dépenses relèvent de la rubrique «Contrats de services»).*

TELECOMMUNICATIONS ET FRAIS DE POSTE

Compris : *les frais de téléphone, de poste, de fax, de télex, de messagers et de diffusion des publications. Il n'est pas nécessaire de ventiler cette somme à moins qu'elle n'excède 10 pour cent du budget total.*

Non compris : *les coûts de transport du matériel (ces frais relèvent de la rubrique « Fournitures et matériel »).*

FRAIS DE DEPLACEMENTS ET INDEMNITES JOURNALIERES

Compris : *les dépenses de billets d'avion, les indemnités journalières et les frais accessoires encourus dans le cadre de déplacements officiels en rapport avec le projet (y compris les déplacements des experts-conseils). Il faudra indiquer séparément les déplacements internationaux (en direction ou en provenance des États-Unis et à destination d'un autre pays, ou entre deux pays qui ne sont pas les États-Unis ou entièrement au sein d'un pays qui n'est pas les États-Unis) et nationaux (entièrement au sein des États-Unis).*

Les dépenses de chaque voyage international devront être spécifiées comme suit : prix du billet d'avion (avec ville d'origine et de destination), indemnités journalières (avec nombre de jours de voyage et tarif d'indemnité proposé) et coûts annexes tels que transports locaux, frais de passeport et/ou visas, vaccinations. Voici un exemple :

Déplacements internationaux
3 voyages Washington - Buenos Aires
Billets d'avion (3 billets A-R à 1.600 $ chacun) 4.800 $
Indemnités journalières (3 x 10 jours à 110 $/j) 3.300 $
Frais annexes (3 x 200 $) 600 $

CONTRATS DE SERVICES

Compris : *tout frais de prestation rendue au titre d'un contrat, notamment honoraires, rémunérations du personnel temporaire, services de traduction, frais de matériel en location directe ou en location avec option d'achat, frais d'audit, d'avocats, de comptables (quand ces tâches sont effectuées à l'extérieur et non pas intra-muros).*

Non compris : *les honoraires des experts-conseils. (Voir rubrique ci-après).*

HONORAIRES ET DEPENSES ASSOCIES AUX EXPERTS-CONSEILS

Compris : *les honoraires journaliers versés aux experts-conseils au titre de contrats écrits. Le budget devra préciser le nombre de jours de travail ainsi que l'honoraire journalier proposé. Cette rémunération sera calculée en fonction des qualifications et des salaires antérieurs du candidat, du caractère et de l'étendue des services requis mais ne saurait excéder 308 $ par jour jusqu'à la fin de 1992.*

Les dépenses associées aux experts-conseils pourront inclure les frais de télécommunications et de poste ainsi que les dépenses de personnel administratif directement liées aux travaux de l'expert-conseil.

Non compris : *les frais de déplacement des experts-conseils (qui relèvent de la rubrique « Frais de déplacements et indemnités journalières »).*

AVANTAGES SOCIAUX, IMPOTS ET ALLOCATIONS

Compris : *dépenses associées aux avantages sociaux octroyées par l'employeur dont assurance-maladie, assurance-vie, sécurité sociale (part de l'employeur), assurance-invalidité, caisse de retraite, congés payés, jours fériés et congés-maladie. Dans les pays où le paiement du 13e mois est une*

obligation légale comptabilisée sous forme de salaire, cette dépense doit être incluse dans la rubrique «Salaires». Quand le 13e mois est considéré et comptabilisé sous forme d'avantage social, il convient de l'inscrire au poste correspondant.

Non compris : *les sommes retenues à la source pour paiement de l'impôt sur le revenu à l'échelle fédérale et fédérée, le cas échéant (elles font partie de la rémunération de l'employé).*

AUTRES COUTS DIRECTS

Compris : *grosses dépenses telles que frais d'impression, de réunions et de conférence (location des salles, collations et repas pour les conférenciers, services audio-visuels, interprétation, etc ...). Les dépenses moindres relevant de cette catégorie peuvent inclure les documents de référence et les frais de transactions bancaires.*

Non compris : *frais de déplacements pour une conférence (ces dépenses relèvent de la rubrique «Frais de déplacements et indemnités journalières»). La FND refusera de considérer les rubriques intitulées « Divers » ou « Provision pour aléas » tous les coûts envisagés doivent être précisés.*

SUBVENTIONS DE SOUTIEN

Compris : *toute subvention octroyée par le bénéficiaire direct de la suvention FND à un autre organisme. Le projet devra inclure le budget détaillé de la subvention de soutien proposée et sera ventilé selon les rubriques budgétaires suscitées. Il incombera au bénéficiaire direct de la subvention FND de vérifier les dépenses encourues au titre de la subvention de soutien.*

DEPENSES NON ADMISSIBLES AU TITRE DES SUBVENTIONS FND

La liste des dépenses non admissibles comprend, sans s'y limiter, les rubriques suivantes :

- *Spectacles (représentations), cadeaux, pourboires, dons, boissons alcoolisées, amendes et pénalités.*
- *Les activités commises par tout individu, groupe ou état qui donneraient lieu à des violences physiques.*
- *Les coûts d'une campagne visant l'obtention d'un mandat public.*
- *Les activités des groupes de pression dont l'objet est d'influer sur la politique publique des autorités locales, des états fédérés ou de l'état fédéral aux États-Unis.*

- *Les coûts des programmes de sensibilisation, de formation ou d'information de groupes situés aux États-Unis, dans le cadre de toute politique ou pratique partisane ou pour le compte de tout candidat à un poste public.*
- *Les activités interdites par les autorités locales, fédérées ou fédérales aux États-Unis.*
- *Les frais « divers » ou les «provisions pour aléas».*

AUTRES LANGUES

Ce document est disponible en anglais, espagnol, portugais, arabe et russe. »

Notes

1. Ménard ne fait là que répéter une antienne. Dans son livre *Ces journalistes que l'on veut faire taire* (Albin Michel, 2001), il qualifie d'« anomalie contre laquelle nous luttons » la loi Gayssot à laquelle il reproche de renforcer « les sanctions visant les propos racistes, antisémites, xénophobes » (p. 168). Voir la video sur Google : www.ebabylone.com/encyclopedi_Reporters_sans_fronti%E8res.html (et cliquer tout en bas de la page sur « vidéo »). Ou encore : écrire « Robert Ménard », choisir « Images » et cliquer sur la photo au dessus de « Conférence de Robert Ménard ».
2. www.geoscopie.com/acteurs/a8190nulew.html et afnu.fr.free.fr/doc%20 lewin/verduncolloque.doc
3. 115 syndicalistes ont été assassinés dans le monde en 2005. La Colombie est le pays le plus dangereux pour eux : 70 y ont trouvé la mort. Or, le syndicalisme est nécessaire à la démocratie. Pourquoi n'est-ce pas dit plus fort, plus souvent? La vie de ces hommes qui, partout dans le monde, ont rendu possible les conquêtes sociales et ont fait avancer le droit du travail – dont bénéficient aussi les journalistes – vaut-elle moins que d'autres ?
4. forum.nouvelobs.com/archives/forum_284.html
5. Lisons ce morceau de déontologie dans lequel Robert Ménard confesse que la complicité corporatiste passe avant le respect du lecteur. Il explique qu'il lui est arrivé de téléphoner à des journalistes pour inférer sur leurs commentaires à l'égard d'un confrère défendu par RSF : « Bref, je leur demande de pratiquer une forme d'autocensure. Mais j'ai appris au fil des ans qu'il faut parfois, pour la bonne cause, savoir taire certaines choses. La plupart des journalistes tiendront compte de mes remarques. » (*Ces journalistes que l'on veut faire taire*, Robert Ménard, Albin Michel, 2001, p.19).
6. tf1.lci.fr/infos/france/2005/0,,3225494,00.html - 63k.
7. *Ces journalistes que l'on veut faire taire*, Robert Ménard, Albin Michel, 2001, p.63. Pas étonnant si, dans le même ouvrage, Robert Ménard peut triompher ainsi d'Amnesty International : « Reporters sans frontières a parfois plus d'écho dans les médias alors que nous sommes cent fois moins importants » (p.85).
8. Club de la Presse de Lyon, 21 octobre 2004.
9. www.rsf.org/rubrique.php3?id_rubrique=638 – 43k
10. *Le Monde*, 21 janvier 2005
11. *Ces journalistes que l'on veut faire taire*, Robert Ménard, Albin Michel, 2001.
12. *Le Monde*, 21 janvier 2005
13. Freedom House a eu pour patron James Woosley, ancien directeur de la CIA (1993/1995). Diana Villiers, l'épouse de Negroponte, l'homme qui supervise l'ensemble des services secrets états-uniens, est membre du Conseil d'administration de Freedom House.
14. www.nouvelobs.com/forum/archives/forum_152.htlm
15. Site RSF, rapport 2005. www.rsf.org/
16. www.acrimed.org/spip.php?page=imprimer&id_article=1895
17. www.rsf.org/article.php3?id_article=14098

18. www.rsf.org/imprimer.php3?id_article=17851
19. www.nouvelobs.com/forum/archives/forum_152.htlm
20. www.rsf.org/article.php3?id_article=16523 - 42k
21. On verra en annexe IV (« Difficile dialogue entre l'auteur et RSF ») que j'ai obtenu le chiffre. Il gagne en effet à continuer à être caché au public.
22. Éditions EPO, 1998
23. Dans le *Northern California Media Guild*
24. Coup d'État d'avril 2002. Ses péripéties et l'implication de RSF seront détaillées dans les chapitres XVII à XXI
25. voir annexe VI : « Comment demander de l'argent aux États-Uniens »
26. www.nouvelobs.com/forum/archives/forum_284.html
27. http://rical.collectifs.net/spip.php?article1305%20_%2052k
28. Le 25 février 1990
29. *Le Monde Diplomatique*, février 2004
30. www.lescommunistes.org/spip?article760_16k
31. *Washington post*, 22/1/1991
32. www.usaid.gov/locations/latin_america_caribbean/country/pubs/program_report/appendix_a.html
33. www.rsf.org/article.php3?id_article=14350
34. *L'Humanité* du 25 juillet 2003
35. voir chapitre XV : « Sous les rangers : la presse "libre" »
36. vdedaj.club.fr/spip/article.php3?id_article=518
37. À un journaliste qui lui demande, à l'occasion de la journée mondiale de la liberté de la presse en mai 2007, si RSF est « financé par les Américains », J.F. Julliard rétorque : « C'est faux bien évidemment. Non, Reporters sans frontières a un financement totalement indépendant ». Totalement indépendant ! www.sondelespoir.org/makeArticle.asp?catID=640&id=62161
38. www.rsf.org/article.php3?id_article=7581%20-%2028k
39. www.agoravox.fr/article.php3?id_article=10225 – 74k
40. Article signé Duncan Campbell, 7 Février 2002
41. *Cuba confidential*, Hardcover édition, 2002
42. Article du 7 février 2002 cité. Et voir en annexe I « Otto Reich – Robert Ménard et Pernod-Ricard »
43. www.rsf.org/rsf/rapport2000/europe/intro.html
44. Le lecteur curieux peut toujours utiliser le lien www.rsf.org/article.php3?id_article=13647indiqué mais, sauf rectification discrète, la page est blanche. Ce qui est remarquable, c'est que l'article 13646 publié avant et l'article 13648 publié après, sont consultables.
45. *PLPL* N°5, juin août 2001
46. Pierre Rimbert, in *La Vache folle* n°27 août-octobre 2000
47. Salim Lamrani, in risal.collectifs.net/article.php3 ?id_article=660 du 27 septembre 2003
48. Texte disparu du site RSF. Visible cependant sur www.ifex.org/da/layout/set/print/content/view/full/9157/ l'IFEX, réseau d'échange international de la liberté de la presse, dont RSF est membre, dispose d'un conseil présidé par Karin Karlekar, de Freedom House dont nous connaissons les

liens directs avec la CIA.

49. voir IV: « Difficile dialogue entre l'auteur et RSF »
50. www.radiofrance.fr/reportage/dossier/index.php?rid=55000062&aid=55000152&formtype=dossier&arch
51. *Le Monde* des 19 et 20 décembre 2004
52. AFP, 4 janvier 2005
53. forum.nouvelobs.com/archives/forum_276.html
54. « Le 18 août 2006, John Negroponte, directeur des renseignements nationaux des États-Unis, annonçait la création d'une nouvelle mission spéciale de la CIA censée superviser les activités de cette dernière au Venezuela et à Cuba. Negroponte, qui coordonne l'ensemble de la communauté des renseignements aux États-Unis et adresse directement ses rapports au président George W. Bush, a désigné le vétéran de la CIA, J. Patrick Maher, comme directeur exécutif de mission de cette nouvelle division importante. [...] Des documents classés « top secret » de la CIA obtenus en 2004 par le biais de la Loi sur la liberté de l'information ont révélé le rôle en profondeur joué par l'Agence dans le coup d'État contre le président Hugo Chávez en avril 2002. Subséquemment, l'intervention américaine directe au Venezuela s'est accrue par le financement, à coups de plusieurs millions de dollars, des groupes d'opposition et ce, via le National Endowment for Democracy (NED – Fondation américaine pour la démocratie) et l'USAID (U.S. Agency for International Development – Agence américaine pour le développement international ». Eva Golinger. Article complet sur: www.globalresearch.ca/index.php?context=viewArticle&code=GOL20060820& articleId=3015
Lire également du même auteur: *Code Chávez, CIA contre Venezuela*, Éditions Oser dire, 2006
55. www.rsf.org/article.php3?id_article=9043 – 49k-
56. www.rsf.org/article.php3?id_article=20438 – 39k
57. www.josecouso.info/imprime.php3?id_article=46 – 7k
58. www.argenpress.info/nota.asp?num=020254
59. Communiqué complet sur: www.rsf.org/article.php3?id_article=13360
60. Émission 12/14, 3 mai 2004
61. voir annexe III: « Un débat acrimonieux »
62. voir chapitre XXIII: « OSS 117/ Robert Ménard à La Havane »
63. www.ifex.org/fr/content/view/full/66453/ Pour le rapport complet, ce site renvoie sur un lien de RSF : <http://www.rsf.org/article.php3?id_article=13647> http://www.rsf.org/article.php3?id_article=13647 <http://www.rsf.org/article.php3?id_article=13647> , où, nous l'avons vu, la page est devenue blanche.
64. www.rsf.org/IMG/pdf/Etude_RSF_Irak_06.pdf
65. www.rsf.org/article.php3?id_article=16794
66. www.rsf.org/imprimer.php3?id_article=3844 – 34 k. Par le même procédé, on pourrait écrire, sans trahir la vérité que RSF est subventionnée par l'Open Society Institute de George Soros, membre de Carlyle, le plus important fonds d'investissement privé états-unien, dirigé par Franck Carlucci, ancien sous-directeur de la CIA et lié au lobby saoudien et à la famille Ben Laden...

67. C'est par licence littéraire que je laisse entendre que RSF peut s'adresser au «geôlier» US. En vérité, quand elle emploie ce terme, elle ne désigne jamais les États-uniens.
68. Voir: «Le silence de Reporters sans frontières sur le journaliste torturé à Guantanamo», par Salim Lamrani. www.legrandsoir.info/article.php3?id_article=3188
69. www.rsf.org/article.php3?id_article=16319 – 37k: la lettre ouverte est précédée d'un communiqué au titre sans équivoque: «Reporters sans frontières regrette la décision de l'Union européenne de ne pas réactiver les sanctions politiques».
70. voir chapitre XXVI: «RSF n'aime pas ...les USA»
71. voir chapitre XXIX: «Robert Ménard demande à l'Europe de l'aider à... renverser un gouvernement!»
72. www.rsf.org/article.php3?id_article=17815 - 29k
73. www.rsf.org/article.php3?id_article=7570 - 70k
74. www.rsf.org/article.php3?id_article=9884 - 97k
75. www.newssafety.com
76. voir chapitre XXVI: «RSF n'aime pas... les USA»
77. 11 mars 2005, article cité
78. www.rsf.org/rubrique.php3?id_rubrique=499 - 37k
79. *Chávez presidente*, Maurice Lemoine, Flammarion, 2005. Voir aussi «Fidel Castro / Biographie à deux voix», éditions Debate (conversations entre Fidel Castro et Ignacio Ramonet).
80. www.rsf.org/article.php3?id_article=1109 – 44k
81. Le même journal où RSF avait recruté un de ses deux correspondants au Venezuela titrait le 21 mars 2001 : « Hugo Chávez a admis être le chef d'un réseau de délinquants ». Voir l'article du *Monde Diplomatique* (août 2002) que son auteur, Maurice Lemoine, intitule sans ambiguïté: «Coup d'État sans frontières».
82. www.rsf.org/article.php3?id_article=1055 – 33k
Dans le rapport 2002 de RSF pour les Amériques (www.rsf.org/rubrique.php3?id_rubrique=128 - 40k) on lit: «Grand admirateur de Fidel Castro, Hugo Chávez, le président du Venezuela, inquiète. Ses déclarations incendiaires contre la presse posent la question de savoir si l'ancien militaire, auteur d'un putsch manqué en 1992, cèdera à la tentation autoritaire. Aux menaces verbales des années précédentes, se sont ajoutées en 2001 de nouvelles formes d'intimidations: menace de retrait de sa licence d'émission à une chaîne de télévision, menace de redressement fiscal, projet d'adoption d'une loi liberticide.».
Pour les pages qui suivent, et afin de ne pas exagérément hacher la lecture, j'éviterai de renvoyer systématiquement à mes sources. Le lecteur aura compris comment les retrouver. Dans le chapitre suivant où je liste des communiqués de RSF, les notes de bas de page auraient été pléthoriques, sans intérêt majeur.
83. cf. Thierry Deronne, cité par www.acrimed.org
84. Dans son rapport de mars 2006 sur la sécurité nationale, George W. Bush qualifie Hugo Chávez de «démagogue recouvert d'argent du pétrole détruisant la démocratie et cherchant à déstabiliser la région».

85. Forum du *Nouvel Observateur* le 22 octobre 2004
86. *Nuevo Herald*, 21 janvier 2004
87. 13 avril 2006
88. www.legrandsoir.info/article.php3?id_article=847 – 177k
89. *Le Monde* du 7 avril 2006
90. *Libro blanco sobre RCTV*. Voir www.rnv.gov.ve/noticias /docs/libro_blanco_RCTV-Web
91. www.rsf.org/article.php3?id_article=16733 - 35k « Venezuela. 13.03.2006. Reporters sans frontières appelle au dialogue avec le gouvernement dans une lettre au nouveau ministre de la Communication et de l'Information. »
92. up.tf1.lci.fr/infos/monde/0,,3294820,00.html
93. www.rsf.org/article.php3?id_article=15176 – 35k
94. www.nouvelobs.com/forum/archives/forum_152.htlm
95. Plusieurs chapitres vont maintenant être consacrés à Cuba, non pas pour ouvrir un débat sur la pertinence de son système politique, économique, culturel, social, de santé, etc. – tel n'est pas l'objet de cet ouvrage –, mais parce que le comportement de RSF envers l'île des Caraïbes est tellement caricatural, tellement calqué sur celui de l'Empire, tellement concomitant dans les offensives, qu'il constitue une vraie aubaine pour qui veut découvrir et faire connaître la vraie nature de cette drôle d'ONG.
96. Pour ce chapitre, et ceux qui l'encadrent, mes sources principales sont l'ouvrage de Jean-Guy Allard et Marie-Dominique Bertuccioli : *Le dossier Ménard. Pourquoi Reporters sans frontières s'acharne sur Cuba*, Lanctôt Editeur, 2004 ; celui des journalistes Rosa Míriam Elizalde et Luis Baez, *Les dissidents*, paru à Cuba et une interview de Nestor Baguer au quotidien cubain *Granma International* le 1er juillet 2003
97. Auquel Baguer rendra hommage tout en déplorant sa dérive : « Un cas regrettable est celui de Raúl Rivero, parce qu'il était réellement un journaliste et un poète de grand talent. Mais il a perdu tout repère et s'est laissé tomber aussi bas que tous les autres. » www.legrandsoir.info/article.php3?id_article=854 - 210k
98. interview déjà citée : www.legrandsoir.info/article.php3?id_article=847 – 177k
99. Interview de l'agent Octavio par les journalistes Rosa Míriam Elizalde et Luis Baez, pour leur livre *Les dissidents*, paru à Cuba
100. www.rsf.org/article.php3?id_article=14350 – 37k
101. www.rsf.org/article.php3?id_article=6638
102. La confusion paronymique voulue par Robert Ménard entre RSF et MSF constitue un appeau efficace. Nombre de personnalités, séduites par le prestige de Médecins sans frontières, s'y sont laissé prendre, quitte, pour certaines, à exprimer ensuite des regrets et à décliner de nouvelles tentatives d'instrumentalisation.
103. Si un peu partout dans le monde les mouvements d'extrême droite abhorrent les ONG, il en va autrement à l'égard de RSF, et pas seulement à Miami. Le 16 décembre 2005, Le Pen était l'invité de l'émission matinale de Patrick Weill sur France Inter. Après avoir qualifié Fidel Castro de « crapule », Le Pen a exprimé son « respect » pour Robert Ménard, pour son combat, et il s'est délecté de son discours de réception du Prix Sakharov.

Le 18 avril 2005, sur le forum Internet du *Nouvel Observateur* (lien cité), on a pu assister à cet échange:
– Internaute: *François d'Orcival a été l'un des principaux dirigeants de la mouvance nationaliste-européenne de l'extrême droite française. Il est aujourd'hui président de la Fédération Nationale de la Presse Française (FNPF), organisation patronale de la presse. Ce genre de nomination ne choque-t-il pas RSF?*
– Ménard: *Absolument pas. J'ai énormément d'estime pour François d'Orcival. Ses sensibilités politiques d'hier ou d'aujourd'hui ne m'intéressent pas*

104. 1er février 2004
105. Site RSF, communiqué Asie, 25 octobre
106. On le trouvera aux adresses suivantes (en anglais):
www.state.gov/documents/organization/32334.pdf
www.state.gov/p/wha/rt/cuba/commission/2004/c12237.htm
107. Il a également déclaré au Club de la presse Suisse que les chefs d'États qui emprisonnent les journalistes «à tour de bras» se conduisent «comme des salopards». «C'est ceux-là [sic] qui viendront parler d'information à ce sommet». Parmi les pays visés, «Cuba, la plus grande prison de journalistes au monde, s'est illustrée par la condamnation de vingt-neuf professionnels de médias dont vingt-deux ont écopé de dix ans de prison, parce qu'ils ont visité le site de l'Agence France presse». En trois phrases, sont condensées une insulte et trois contrevérités. Les chefs d'État fustigés par Ménard ne sont pas venus parler au sommet, Cuba n'est pas la plus grande prison au monde pour journalistes et aucun «professionnel des médias» n'y est emprisonné pour avoir visité le site de l'AFP. Par ailleurs, s'inspirant des méthodes de ses amis de Miami qui émettent illégalement vers l'île rebelle, Robert Ménard a illico annoncé la création d'une radio pirate, baptisée «Radio non grata», qui a émis depuis Ferney-Voltaire, sur FM (95,8), en anglais et en français en direction de la Suisse. Cependant, menacée par les gendarmes de voir son matériel saisi (émetteur mobile et groupe électrogène), et en l'absence de garde rapprochée de l'armée US et de l'OTAN, Reporters sans frontières a plié bagage sans tambour ni trompette (militaire) en nous frustrant de l'héroïque combat attendu et des cris: «*Libertad de emitir o muerte!*».
108. www.rsf.org/article.php3?id_article=12411
109. Texte intégral: www.rsf.org/article.php3?id_article=12440
110. voir chapitre XXXI: «Des journalistes français traités comme des criminels»
111. www.legrandsoir.info/article.php3?id_article=3840 - 224k. Salim Lamrani, que nous avons déjà cité est un spécialiste des relations entre Cuba et les États-Unis.
112. Site RSF: «Pourquoi s'intéresser autant à Cuba ? », www.rsf.org/article.php3?id_article=14350
113. Site RSF: «Reporters sans frontières appelle au dialogue avec le gouvernement vénézuélien» www.rsf.org/imprimer.php3?id_article=16733 – 9k
114. Diana barahona (17 mai 2005). En anglais sur:
www.counterpunch.org./barahona05172005.html
Traduction sur: vdedaj.club.fr/spip/article.php3?id_article=21
115. www.rsf.org/article.php3?id_article=6907

116. www.rsf.org/article.php3?id_article=13867
117. Le lendemain, au même endroit, une autre équipe française subissait le même sort.
118. Ajoutons qu'un journaliste italien arrivé le 20 mai à Cuba, a été interpellé puis reconduit à la frontière en moins de vingt-quatre heures. Une correspondante d'un autre quotidien italien a subi le même sort le 21. Elle était de retour en Italie dès le lendemain soir.
119. www.rsf.org/article.php3?id_article=344 - 34k
120. voir chapitre XXXV : « La liberté de la presse selon le jury masqué »
121. « Quinze paradoxes de ce monde », 2005, article perdu sur Samizdat: www.peuplesmonde.com/article.php3?id_article=239
122. www.rsf.org/rubrique.php3?id_rubrique=549 – 35k pour le classement 2005 et www.rsf.org/rubrique.php3?id_rubrique=19 – 44k – 12 déc 2006 pour le classement 2006
123. En fait, si le contrat n'est pas public, certaines clauses en sont connues comme celle qui consiste à offrir des dollars en échange de propagande anti-cubaine en Europe. Rappelons-nous de cet aveu de la correspondante de RSF à Washington : « le contrat avec Otto Reich [...] exige d'informer les Européens sur "la répression contre des journalistes à Cuba" et d'appuyer les familles de journalistes en prison. » Rétribuée à cette fin, l'ONG respecte cette clause avec un tel zèle qu'elle est épuisée quand il s'agit de regarder qui croupit dans les prisons du reste du monde. Quelqu'un, par exemple, lui signalera-t-il que, si elle veut passer Cuba au peigne fin, elle doit y inclure Guantanamo ?
124. *El Nuevo Herald*, 21 janvier 2004
125. *Les États-Unis de mal Empire. Ces leçons de résistance qui nous viennent du sud*, Danielle Bleitrach, Viktor Dedaj et Maxime Vivas, Aden, 2005.
126. Il existe un divorce flagrant entre le traitement du cas RSF par la quasi-totalité des médias installés et par les sites Internet. Ces derniers fustigent avec virulence les compromissions de RSF avec les USA. Les articles foisonnent sur le sujet. Cette dichotomie entre la presse papier et la presse électronique n'est pas sans évoquer celle qui a prévalu pendant toute la campagne du référendum sur le traité européen. Presque tous les médias ayant pignon sur rue étaient pour le oui, l'opinion pour le non. Le rôle d'Internet pour faire contrepoids à la propagande officielle a été primordial. La presse paie son aveuglement, ses copinages et son mépris de l'information qui ne vient pas d'elle. Elle continue à sous-estimer le poids d'une cybermilitance désintéressée qui regroupe journalistes, chercheurs, écrivains ou simples militants à la plume affirmée, souvent d'une grande compétence dans le domaine qu'ils traitent et auprès desquels les lecteurs, de plus en plus nombreux, disent trouver la voix de la vérité.
127. George Soros est partenaire du célèbre Carlyle Group, nid de républicains et d'anciens membres de la CIA, dont l'un, Frank Carlucci, en fut le sous-directeur. Soros a sauvé George W. Bush de la faillite quand ce dernier dirigeait une société de prospection pétrolière. On ne compte plus les pays où l'Open Society Institute est intervenue – avec succès –, en Amérique latine et en Europe de l'Est, pour favoriser la mise en place des dirigeants pro-états-uniens.

128. Voir la video sur Google : www.ebabylone.com/encyclopedi_Reporters_sans_fronti%E8res.html (et cliquer tout en bas de la page sur « vidéo »). Ou encore : écrire « Robert Ménard », choisir « Images » et cliquer sur la photo au dessus de « Conférence de Robert Ménard ».
129. www.rsf.org/article.php3?id_article=9844 – 38k – RSF. Espagne – Rapport annuel 2004 : « En 2003, l'organisation terroriste ETA a multiplié les menaces envers les médias tandis que, pour sa part, la lutte contre le terrorisme a eu des conséquences sur la liberté de la presse au Pays basque. [...] Parallèlement, la lutte nécessaire contre le terrorisme a eu des incidences sur la liberté de la presse, avec la fermeture provisoire par "mesure préventive" du journal basque *Euskaldunon Egunkaria*, dont les dirigeants sont soupçonnés de collaboration avec l'ETA... ». Le contexte rendant la répression « nécessaire », RSF ne s'indigne pas.
130. voir chapitre I : « De l'argent, de l'argent ! »
131. voir Annexe II
132. voir ci-dessus
133. Alain-Gérard Slama dans le mensuel *Lire* de mai 1995
134. www.ned.org/grants/grants.html

Table des matières

Annexes

Remerciements :

Un merci spécial à la regrettée Marie-Dominique Bertuccioli, trop tôt disparue, dont la disponibilité et l'efficacité n'avaient d'égale que la gentillesse.

Merci également à :
Diana Barahona, journaliste états-unienne pour ses recherches opiniâtres et fructueuses ;
Eva Golinger, avocate vénézuelo-états-unienne pour ses informations sur la CIA et la NED ;
Viktor Dedaj dont le site http://vdedaj.club.fr/spip/index.php est une véritable mine d'or avec des milliers d'informations fiables ;
Salim Lamrani, écrivain plusieurs fois cité dans cet ouvrage ;
Jean-Guy Allard, journaliste canadien en poste à La Havane ;
Maurice Lemoine, écrivain, journaliste, rédacteur en chef du *Monde Diplomatique* et grand connaisseur de l'Amérique latine,
Romain Migus, journaliste indépendant français résidant au Venezuela,

Et à tous ceux que j'oublie de citer...

La science de chacun en la matière m'a été précieuse. Elle m'a aidé à mettre à nu des manigances et des mensonges, à étayer ce travail de vérité.
Grâce à eux tous, j'ai pu lancer ce cri d'amour pour mes frères humains et singulièrement pour les plus menacés, parmi lesquels les peuples du tiers-monde et les grands reporters sur les champs de bataille.

Du même auteur :

Paris brune (roman), Prix Roger Vailland 1997
Éditions Le Temps des cerises

Comme le scorpion, mon frère (polar altermondialiste),
Éditions Le Temps des cerises

La bousculade (roman), Éditions de l'Aube

Écran total (polar), Éditions Jigal

La cathédrale au fond du jardin (roman historique),
Prix du Zinc 2002, Atout Éditions

La tour Eiffel et le cocotier (roman humoristique),
Éditions du Léopard masqué

Les États-Unis de mal Empire (essai), en collaboration
avec Danielle Bleitrach et Viktor Dedaj, Éditions Aden

Nouvelles (recueils collectifs) :

Toulouse sang pour sang, Éditions du Corbeau

AZF. Toulouse sang dessus dessous, Éditions Loubatières

36 nouvelles noires pour l'Humanité, Éditions Hors commerce

Corps à corps, Éditions Le Temps des cerises

Achevé d'imprimer par Corlet, Imprimeur, S.A. - 14110 Condé-sur-Noireau
N° d'Imprimeur : 108687 - Dépôt légal : novembre 2007 - *Imprimé en France*